伝わる文章を書く技術

「型」にはめれば、必ず書ける!

向後千春[著]

技術評論社

はじめに

　この本は、誰かに何かを「文章で伝えたい」と思っている人のために書きました。インターネットの時代になって、文字によるコミュニケーションはますます重要になっています。人に何かを伝えたいときは、文章によるコミュニケーションがもっとも早く、もっとも強力な方法なのです。

　ところが、私たちは「文章で伝える技術」を学んでいません。たしかに、学校で感想文や作文を書かされた記憶はあります。しかし、それは「誰かに何かを伝える」というよりは、先生に文章を見てもらうという目的のために書いたにすぎないのです。

　今は、企画書、報告書、依頼文、ブログ記事、自己PR文といったさまざまな種類の文章を書く機会があります。こうした文章は学校で書いた作文ではなく、「確実に何かを伝えるための文章」です。幸いなことに、こうした文章にはきちんとしたルールがあります。しかし、多くの人がそのルールを知らないままに文章を書いているので、文章を書くことが苦手になっているのです。

　この本では「伝わる文章を書く技術」をみなさんにお教えします。その最初のステップは、200字で自分の考えを的確に伝えられるように書くことです。これを「200字の法則」と呼びます。200字で伝わる文章を書けるようになれば、あとは何千字の文章でも書けるようになります。

　伝えるための文章を書く技術が身につくと、仕事や生活の中のコミュニケーションが驚くほどはかどり、信頼される人になるでしょう。

　さあ、始めましょう！

　　　　　　　　　　　　　　　　　　　　　　　　　　向後千春

マンガに登場する主な人物

白石和樹

入社2カ月目の新入社員。アパレルメーカーの商品開発部に配属。初めての社会人生活にとまどいながらも、仕事で成長することに喜びを感じていく。

林 麻衣

商品開発部の美人課長。40歳、独身。困っている部下を見ると放っておけない面倒見のいい姉御肌タイプ。

向後千春 先生

早稲田大学教授。この本の著者。「文章で伝える技術」「教える技術」などをわかりやすく教える専門家。

もくじ

- はじめに ─── 2
- マンガに登場する主な人物 ─── 3
- マンガ 「伝わる文章は人生を変える！」 ─── 4
- マンガ 「新入社員、白石和樹の成長物語」 ─── 42, 78, 132, 164, 188

第1章
あなたの文章は伝わってる？

- メールやSNSで文章を書く機会は増えたのに、文章力がつかないわけ ─── 20
- つぶやきは書けるのに、まとまった文章はなぜ苦手なの？ ─── 22
- 文章によって目指すゴールが違う！ ─── 24
- 社会は、実用文によって回っている！ ─── 28
- 実用文が上手に書けるかは、才能ではなく練習 ─── 30
- 実用文を書くと、話すことも上手になる ─── 33
- 実用文を書くと、論理的思考も育つ！ ─── 35
- もらっても困る、伝わらない文章とは？ ─── 37
- 第1章のまとめ ─── 44

第 2 章
200字の法則で、読ませる文章を書く！

- 自分の文章の"ダメどころ"をチェック！ ……… 46
- 伝わる文章って、どんな文章？ ……… 48
- まずは１段落を伝わる文章にする！ ……… 54
- 実用文のパターンは決まっている！ ……… 57
  - Ⅰ 提案文のパターン ……… 58
  - Ⅱ 報告文のパターン ……… 60
  - Ⅲ 勧誘文のパターン ……… 62
  - Ⅳ お願い文のパターン ……… 64
- 段落展開の最初には、必ず「コンセプト」がくる！ ……… 66
- 情報はいくつかのタイプに分類できる ……… 68
- 読み手の頭にスッと入る文章を書くには？ ……… 70
- つなぎの言葉で「流れ」を作る ……… 76
- 第2章のまとめ ……… 80

もくじ

第3章 「型」を覚えて、1000字の文章もスラスラ書けるようになる！

- 型にはめれば、1000字はスラスラ書けるようになる ……… 82
- 1000字は、忙しい人も目を通してくれる長さ ……… 86
- どんな文章も怖くない、実用文の最強7つの型とは？ ……… 88
  - 型1　企画書・提案書 ……… 90
  - 型2　報告書・連絡文・謝罪文 ……… 96
  - 型3　勧誘文・依頼文 ……… 102
  - 型4　レポート ……… 108
  - 型5　紹介文・推薦文 ……… 114
  - 型6　エッセイ・ブログ・日記 ……… 120
  - 型7　自己PR文・エントリーシート ……… 126
- 第3章のまとめ ……… 134

第4章
表現をプラスすると、みるみるうまい文章になる！

- 型＋表現で、さらに伝わる「読まれる文章」にする ——— 136
  - **表現 その1** 書き出しのパターンを用意する
    - 前置きは書かなくていい！ ——— 138
    - 出だしの順番は決まっている！ ——— 140
    - 自分で出だしを決めておく ——— 142
  - **表現 その2** 表現を変化させる
    - 言葉を書き換える ——— 144
    - 文を書き換える ——— 146
  - **表現 その3** 読み手を混乱させる表現は使わない ——— 149
  - **表現 その4** 視覚からも読ませる文章にする
    - 1段落の長さをコントロールする ——— 153
    - 文章の中にやたらと漢字を入れない ——— 157
    - 効果的に図や表などを使う ——— 160
  - **表現 その5** 推敲を重ねて洗練された文章にする ——— 162
- 第4章のまとめ ——— 166

第5章
文章を書くときに欠かせない発想法！

- 発想法を知ると、書くことが楽しくなる！ — 168
- 文章を書くと人生が変わる！ — 171
- 素晴らしいアイデアを生み出すネタ帳 — 174
- 書きながら検索して、文章に深みを与える — 177
- 長い文章を書くときは、「書くための地図」を用意する — 180
- 集中力を高めて、文章を書くモードに切り替える — 183
- 毎日書いて、文章を書くスキルを磨き続ける — 185

第5章のまとめ — 192

おまけ
書けない恐怖をなくす！「ライティング・ワークショップ」 — 193

おわりに — 198

第1章
あなたの文章は伝わってる?

仕事でも私生活でも、文章を書く機会はたくさんあります。
でも、その文章、きちんと相手に伝わっているでしょうか?
この章では、伝わる文章を書くことの大切さについて、
お伝えしていきます。

第1章　あなたの文章は伝わってる？

{ メールやSNSで
文章を書く機会は増えたのに、
文章力がつかないわけ }

 私たちは大量の文章を書いている

　あなたは、ブログやFacebook、TwitterなどのSNS（ソーシャル・ネットワーキング・サービス）を利用していますか？
　日々の出来事を流している人もいるかもしれませんし、趣味の情報、仕事で役立つ情報などを書いているかもしれませんね。
　自分からは情報を発信しない、という人でも、LINEで友人との会話を楽しんでいたりする人は多いでしょう。

　このように、私たちはインターネット以前の時代よりも、書く機会が格段に増えました。それにより、大量の文章を書いているのは確かです。
　しかし、たくさん文章を書いているにもかかわらず、文章を書く能力が伸びたという話を聞きません。それどころか、反対に**「文章を書く能力が落ちている」**と感じている人のほうが多いのです。
　それは、なぜでしょうか？

単語とスタンプだけで通じる今

　ここで Facebook や Twitter のタイムラインに流す文章を思い浮かべてみてください。写真と一緒に「こんなことがあったよ。楽しかった！」と書けば、伝わります。長い文章を書く必要はありませんね。

　さらに、LINE などのメッセンジャーでは、文章すら必要ありません。「うける！」「まじ？」と書いてスタンプを送れば、コミュニケーションがとれてしまいます。単語と絵だけでいいのです。

　つまり、書く機会と分量は圧倒的に増えたにもかかわらず、**「まとまった文章」を書く機会は、逆に減っている**というのが実態です。

　こうして、短いメッセージをやりとりすることのコミュニケーションに慣れてしまうと、まとまった文章を書く機会が減ってきます。そのために、文章を書く能力が落ちてきているのです。

> **まとめ**　短いメッセージしか書かないから
> 　　　　　文章を書く力が落ちる

第1章 あなたの文章は伝わってる？

つぶやきは書けるのに、まとまった文章はなぜ苦手なの？

 社会は長い文章を必要としている

では、まとまった文章を書く機会が減ったからといって、長い文章は書けなくてもいいのでしょうか？

いいえ、社会はそんなに甘くはありません。**社会の中では依然として、まとまった文章を書く能力は必要**とされています。

集会のお知らせ、イベントの企画書、会議の議事録、お詫びのメールなど、重要な場面において必要な文章を書かなければならないことが多いのです。

 文章とつぶやきは違う

いざ、まとまった文章を書く必要が出てきたときになって初めて、それが書けないということに気がつきます。つぶやきやひと言の文なら書けても、まとまった長さの文章が書けないのです。

いったい、どうしてでしょうか？

それは、つぶやきと文章の間には大きな違いがあるからです。

つぶやきは、話の内容が共有されている中でつぶやくので、たったひと言であっても読み手が勝手に解釈してくれます。

たとえば、今日食べたランチについてのやりとりをしているとし

たら、「おいしかったね！(^o^)」「今度は、渋谷周辺にしよう！」「了解(*^_^*)」——こんなふうに、ひと言だけでも十分に成り立ちます。

　しかし、まとまった文章となるとそうはいきません。**文章はつぶやきとは異なり、それ自体で独立しているものなので、みずから前後のつながりや文章の筋道を明確にする文脈を生み出す必要がある**からです。

　では、文脈を作るためには、どうすればいいのでしょうか？
　それには、「**型**」と「**流れ**」が必要です。この本では、文章の「型」と「流れ」を作り出すために、どのように書いていけばいいのかをお伝えしていきます。

> **まとめ**　まとまった文章を書くには、
> 　　　　「型」と「流れ」が必要

第1章　あなたの文章は伝わってる？

文章によって目指すゴールが違う！

 文章は2つのタイプにわかれる

ところで、ひと口に「文章」といってもいろいろな種類がありますね。そこで文章を大きく分けてみると、**「物語文」**と**「説明文」**の2種類に大別されます。

物語文というのは、小説や詩、エッセイといったように文学に見られる文章です。誰でも読書で触れているでしょう。

詩や小説を趣味で書いている人はいるかもしれません。

しかし、大部分の人は詩や小説を読むことはあっても、それを日常的に書くことはないでしょう。

一方、**説明文**は、**企画書**や**報告書**、**レポート**、**マニュアル**などのように事実や手順や考えを伝えるための文章です。

説明文を好んで読む人はあまりいません。しかし、読まないことはまずないし、どんな人でも書く必要があります。

たとえば、学校ではレポートや小論文を書くことがあります。企業では、企画書や報告書、議事録などを提出することもあるでしょう。書きたくなくても書かされることがあるだけでなく、成績や評価の対象にされることもあります。

文章によって求められる能力は異なる

では、物語文、説明文それぞれに、どんな能力が求められているのでしょうか?

物語文については、私たちは国語の教科書や本で知らず知らずのうちに読んでいます。そして、それを読み、味わうという能力が求められています。

一方、説明文については、企画書、提案書といったものから、家電のマニュアル、子どもの参観日のお知らせ、マンションの管理組合からの報告書まで、日常の中で読む必要に迫られて目にします。

ですので、**誰が読んでもわかりやすく書く**という能力が求められています。その書き方を知らずには、わかりやすく書くことはできません。

普段の生活で必要な文章とは?

これら説明文の多くは、「実用文」です。

実用文とは、事実や手順や考えを「実質的に」伝えるための文章のことです。「実質的に」というのは、その文章を読んだ人が、「理解できる」ことと「実行できる」ことを指します。

それは単に読んでもらえばいいというのではなくて、理解してもらい、さらに、なんらかの行動に移す、というところまでをゴールにしています。

もし実行までに至らなくても、最低限読み手に「理解してもらう」ことが、実用文の条件です。

第1章 あなたの文章は伝わってる?

実用文の種類は4つに分かれる

実用文
（読み手に理解してもらい、読み手を動かすことを目的とした文章）

- **提案する**
  - 企画書
  - 提案書
  - → 型1（→90ページ）

- **説明する**
  - レポート
  - 報告書・連絡文・謝罪文
  - 紹介文・推薦文
  - エッセイ・ブログ・日記
  - 自己PR文・エントリーシート
  - 型2（→96ページ）
  - 型4（→108ページ）
  - 型5（→114ページ）
  - 型6（→120ページ）
  - 型7（→126ページ）

- **依頼する**
  - 指示書
  - 依頼文
  - 勧誘文
  - → 型3（→102ページ）

- **教える**
  - テキスト
  - マニュアル

↓
人に伝える
↓
人を動かす

小説や詩などの文学的な文章では、読み手になんらかの情景や感動を伝えることができれば成功です。実用文では、読み手に理解してもらい、さらに読み手を動かすことができれば成功といえるでしょう。

　ちなみに、実用文は、大きく分けて**「提案する」「説明する」「依頼する」「教える」**の4つに分かれます。
　「教える」ための実用文を扱うのは一部の人なので、この本では、「提案する」「説明する」「依頼する」の文章について、説明していきます。
　この本を読み進めれば、自然と実用文を書ける力が身についていきますから、恐れずに、まずは読み進めてみてください。

> **まとめ** 読んで理解して、行動を起こしてもらうための文章力を身につける

社会は、実用文によって回っている！

 どんな立場の人も実用文を書いている

では、実用文を書く機会はどれくらいあるのでしょうか？

会社で仕事をしている人なら、ほぼ毎日書いているでしょう。デスクワークをしていて、1日に1文字も書かなかったという人はいないですよね。メールも書きますし、企画書や報告書も書きます。日々書くことが仕事の一部になっています。

大学生も日々書いています。授業ではノートを取りますし、レポートも書かなくてはなりません。卒業論文は何万字も書く大作です。サークルでは新入生勧誘のための文章も書きます。学園祭では模擬店の企画書を書くかもしれません。

企業が大学生に期待していることの1つは「書ける人」であることです。つまり**仕事に不可欠である実用文が「書ける」こと**を重視しているのです。

主婦もまた書いています。子どもの通知表を受け取ったら先生にコメントを書かなくてはなりません。ＰＴＡの会報やサークルの原稿を頼まれることもあるでしょう。

いただきものをしたときのお礼の手紙、会合に参加できなくなったときのお詫びのメールや手紙を出すこともあります。

また、個人的にブログを書いている人もいるでしょう。

子どもの夏休みの宿題の手伝いで、自由研究のレポートを書かせなければならないこともあるかもしれません。

実用文が上手に書けると人間関係がスムーズになる！

以上、例にあげた文章はすべて「実用文」です。

私たちの社会は、日々、実用文を書き、また実用文を読むことによって回っているのです。

特定の一部の人だけが、実用文を書けばいいというわけではなく、すべての人が実用文を書くことを期待されています。そして実際そのとおりに実用文を書く機会が回ってくるのです。

実用文を一人ひとりがきちんと書けることによって、**仕事がうまく回り、人間関係がスムーズになり、ひいては社会がうまく回っていくことになります**。

どんなに話がうまくても、「話されたもの」はその場で消えてしまいます。あとで「言った、言わない」でいざこざが起こることを避けるために、誰もが誤解せずに理解できるように、書いて残すのです。このように実用文を書くことは、重要なのです。

> **まとめ** すべての人が、上手に実用文が書けることを期待されている

第1章　あなたの文章は伝わってる？

実用文が上手に書けるかは、才能ではなく練習

 学校では、実用文の書き方を習わない

　いくら書くことが必要だとはいっても、書くのは苦手という人のほうが圧倒的に多いですよね。
　なぜ苦手かというと、実用文の書き方を習っていないからです。

　確かに、文章を書くことは教わります。作文は小学校のときから習いますし、読書感想文を書いた人もいるでしょう。
　中学校や高校では、試験に出題される小論文の書き方を習った人も多いと思います。
　しかし、読書感想文や小論文は、実用文とは言えません。実用文とは、読んでもらい、理解してもらい、さらに、なんらかの行動をしてもらうというところまでをゴールにしている文章だからです。

　読書感想文は、書いた人がきちんと本を読んだかどうかを評価するための文章です。
　また、小論文も、書いた人がどんな考え方をしているかを評価するための文章です。
　このように読書感想文も小論文も、評価のための文章であって、それを読んだ人になんらかの行動をしてもらうということをゴール

にはしていないのです。ですので、実用文ではないということになります。

非実用文と実用文の違い

しかし、読書感想文も、本を紹介する文章であれば実用文になります（119ページに詳しく説明しました）。また、小論文も、データに基づいて主張する文章であれば実用文になります。

つまり、**評価されるために書かれた文章は非実用文であり、誰かに何かを説明したい、伝えたいと思って書かれたものは実用文**となるのです。

ほとんどの人が学校で、正式に実用文の書き方を習ったわけではないので、他人の文章を見よう見まねで書いているというのが現実です。書く経験を重ねることで、徐々にうまくなっていきます。

しかし、本当は、実用文の「正しい書き方」を学ぶことがもっとも早く上達できる近道です。

それを、伝えようというのが、この本です。

実用文が書けると、理解されやすくなる

実用文の書き方のコツを学んだら、日常の中で頻繁に使うことを心がけましょう。

たとえば、FacebookなどのSNSに書く短い文章であっても、ただ「私はこう思います」と書くだけではなく、それに加えて「**その理由はこういうことです**」と書いて、実用文になるように心がけまし

ょう。日々、文章を書く際に少し心がけるだけで、どんどん上達していきます。

　書くことは才能ではありません。練習なのです！

　こうして、**さまざまな書く場面で、実用文になるように意識して書く**ことで、自分の考えを理解してもらい、読んだ人がなんらかの行動をしてくれることを期待できるようになります。そうなったら、文章を書くことが楽しくなります。

　「書く」機会はたくさんあります。それを避けるのではなく、書くことに挑戦して経験を積み重ねれば、あなたは「書ける人」に変わっていくでしょう。

> **まとめ**　書き方を習ったら、
> 　　　　　機会あるごとに挑戦する

実用文を書くと、話すことも上手になる

 伝えたいことを相手にきちんと話せますか？

あなたは、書くことと話すことと、どっちが楽ですか？

きっと多くの人は、話すことのほうが書くことよりも簡単だと思っているでしょう。

確かにどんな人でも友人や家族とおしゃべりをします。おしゃべりをするのにいちいち悩むことはありませんね。しかし、単なるおしゃべりではなくて、話をすることによって、内容のあることをきちんと伝えることはなかなか難しいことです。

人当たりがよくて話がおもしろいという人が、文章の中でもきちんと内容を伝えられているかといえば、そうとも限りません。

話はおもしろかったけれど、結局何が言いたかったのか頭に残っていないこともよくあります。

 話の設計図を描く力をつける

しかし、**実用文が書ける人は、話をしても内容をきちんと伝える**ことができます。それは、頭の中で実用文を書くように、内容を組み立てて話しているからです。

実用文が書けるようになると、**話すときも、その型と流れに沿って話ができる**ようになります。

もちろん話が脱線することもあるでしょう。でも、その人の頭の中には実用文を書くのと同じように、設計図ができているので、少々話がそれたとしても、すぐに元の設計図にしたがって本題に戻ることができるのです。

コミュニケーション力とは、話を組み立てる力

上手に話すためには、コミュニケーション力が大切といわれています。ここでいうコミュニケーション力とは、自分の考えを表現し、相手に伝えることができるという意味です。

表面的な人当たりの良さや、言葉づかいの流暢さではありません。実用文と同じように、型と流れにしたがって話を組み立てることによって、自分の伝えたいことをきちんと表現するということなのです。

つまり、型と流れに沿った実用文が書けるようになると、話すことも上達するのです。

> **まとめ** 実用文を上手に書けると、
> 話も上手に組み立てられるようになる

実用文を書くと、論理的思考も育つ！

 実用文の鉄則は「やさしくシンプル」

　難しい言葉で書かれた専門書を読んでいると、自分にはこんなふうに書く才能はないと、しり込みしてしまいませんか？

　でも、安心してください。実用文では、難しくて複雑な文章を書く必要はありません。

　繰り返しますが、実用文は、自分が伝えたい内容を「実質的に」読み手に伝えるための文章です。読んだ相手に伝わらなければ意味がありません。実用文を書くのであれば、「やさしくシンプルに」書かなければならないのです。

　もちろん伝えたい内容そのものが、難しくて複雑な場合もあるでしょう。しかし、どんな場合でも、最終的に書かれたものは**「やさしくシンプルな文章」**である必要があります。

　それが実用文を書くということなのです。

　そうはいっても、複雑な内容を文章に書き表そうとすると、どうしていいのかわからなくなり、途方に暮れてしまいがちです。

　それでも、**ひとつひとつのことを単純で小さなことに分解して、それを順序よく並べていく**ことによって、やさしくシンプルな文章にすることができるのです。それが書くということなのです。

それについては、次の章から詳しく説明しています。

複雑なものをシンプルにする考え方

「論理的思考法(ロジカルシンキング)」という言葉を聞いたことはありますか？

これは、**物事を筋道立てて、理解しやすいように考える方法**のことです。

この方法はさまざまな場面で求められています。その中でも、難しく複雑な内容をやさしくシンプルな実用文にすることは、まさに論理的思考法を実践していることです。論理的な思考を使わないと、複雑なことをシンプルな文章にすることができないからです。

論理的思考法を身につけるには、頭の中でいくら、あ〜だ、こ〜だと考えてもダメです。考えるだけでは空回りしてしまいます。

では、どうすれば論理的思考法を習得できるのかというと、実用文を書けばいいのです。実用文を書くためには、読み手が理解できるように、複雑なことをシンプルな文章にする必要があるからです。

一方、複雑な内容を分解してそれぞれを関係づけていくことが、論理的思考法の基本です。

つまり、実用文を書くという行為は、論理的思考法を実践することに等しいのです。

> **まとめ** 難しく複雑なことほど
> やさしくシンプルに書く

もらっても困る、伝わらない文章とは？

 読み手が迷う文章になっていない？

　さて、ここまで、実用文を書くことによって身につくいいことをあげてきました。実際に、伝わらない文章をもらうと、どれくらい困るのか、という例を２つ紹介します。
　次にあげるのは、私が、本当にもらったことのある文章です。

> **❌ ダメな例文**
>
> 13日の14：00～、△△の送別会を開催します。
> よろしかったら、いかがですか？
> 場所は、銀座のKGビル３Fです。

　この文章は、留学が決まった学生の送別会を開催する際にもらった文章です。まず、「13日」だけでは、何月の13日かわかりません。
　会場も「銀座のＫＧビル」だけでは、住所もわからず迷子になってしまいます。
　また、どんな場所で開催するのか、誰が集まる会なのかもわからないので、どんな服装をしていけばいいのかもわかりません。
　これらを踏まえて、次のように書き直しをしてみるとどうでしょう。

> **⭕ 伝わる例文**
>
> 　向後ゼミの４年生一同で、ボストン大学に留学することが決まった△△の送別会を開催します。ぜひ、ご参加いただけますと幸いです。詳細は次の通りです。
> 　日時　５月13日（火曜日）　14：00〜
> 　会場　銀座○丁目○番地○号
> 　　　　KGビル３Ｆ「○○レストラン」にて
> 　費用　3500円
> ※出欠について、５月10日までに、このメールに返信をお願いします。

　このように情報を伝えるときは、整理してまとめて書くことで、読み手の頭の中も整理しやすくなりますね。

 幼稚な文章になっていない？

　もうひとつ例をあげましょう。これは、大学生たちと一緒にランチ会をしたときに、学生からもらったお礼のメールです。

> **❌ ダメな例文**
>
> 　一緒にランチができて楽しかったです。そのあと、みんなで散歩をしたのも楽しかったです。今日は本当に楽しかったです。また、お会いしましょう。いつならあいていますか？

　感謝の気持ちはうれしいのですけれども、「楽しかった」が連続すると、幼稚な印象を与えてしまいます。
　さらに、こちらの都合を考えず、「いつならあいていますか？」

と言われても困ってしまいます。

　そこで、次のように書き直してみるとどうでしょう。

◎ 伝わる例文
> 　今日はありがとうございました。みんなで久しぶりに集まり、いろいろなことを語り合うことができて、本当に楽しい時間を過ごせました。ランチもおいしかったですね。
> 　また、お時間があるときにでも、みんなで集まる機会を設けたいです。一段落つきましたら、こちらからご連絡いたします。とり急ぎ、お礼まで。

　「楽しかった」というワードを何回も多用せず、何が楽しかったのかその内容を伝えることで、相手への感謝の気持ちが伝わります。また、次の約束はこのメールではせずに、自分から後日連絡をするという誠意を見せることで、いい印象が残ります。

　このように、文章を書くときは、「伝わる文章」にしなければなりません。面と向かって話しているのであれば、わからないことをすぐ質問することもできます。しかし、書いたものの場合は、それを見て判断するしかないからです。

　せっかく文章を書くのですから、相手にいい印象を与えましょう。**「伝わる文章」は、仕事や人間関係を円滑に進めるために必要なスキル**であり、あなたを**ステップアップさせるためのエンジン**となってくれるはずです。

第1章　あなたの文章は伝わってる？

 何を伝えたいのかわかる文章にする！

さて、冒頭マンガに登場した白石君は、あれから、どうなったでしょうか？

次にあげるのは、白石君が最初に書いた企画提案書です。

> **✕ 最初に書いた企画提案書**
>
> 荷物がコンパクトにまとまるバッグの提案
> ・荷物が多い日って、ブルーwww。それを解消したい。
> ・オシャレなのに収納できるバッグって見たことない(・ω・`)
> ・いろいろと便利だと思う。
> ・色もいっぱいあるといい。
> ・女子が好きなデザインで。

「www(w＝笑う。3つwが重なると、それだけ面白いという意味)」などの略文字や「(・ω・`)」などの顔文字は、友だちとのメールで使うならいいでしょう。しかし、ビジネスシーンで使うのは言語道断です。

そこで、白石君に手直しをしてもらい、最初に書いた「企画提案書」を次のページのように書き直してもらいました。

なぜその提案をしたのか、提案の趣旨を伝えたあと、商品のイメージを書くことで、読み手にもわかりやすい文章になっています。

◉ 書き直した企画提案書

荷物をコンパクトにまとまめたい女性のための
スタイリッシュなバッグの提案

　仕事やプライベートで荷物がかさばる日は、なかなかバッグが決まらないもの。オシャレなバッグは、たいてい収納が少ないため、2個持ちにする女性も多いようです。

　そこで、見た目はスタイリッシュなデザインだけど、優れた収納力でコンパクトにまとまるバッグを提案。荷物が多い日のブルーな気持ちを解消します。

【バッグのイメージ】
- A4も入るトートバッグ
- 荷物が多くてもスッキリ見える設計に
- ナイロンとレザーを使用した上品なデザイン
- ビジネスシーンはもちろん、カジュアルな服装にも合うように
- 荷物を整理しやすいように、間仕切りや小物ポケットをつける
- 重い荷物を持っても丈夫な持ち手にする
- 定番の色からカラフルな色まで展開する

　このように、収納力と使いやすさ、デザイン性を兼ね備えたバッグで、女性がオシャレを楽しめるアイテムを提案いたします。

白石和樹

第1章 あなたの文章は伝わってる?

第1章のまとめ

■ きちんとした文章を書けるようになるためには?

- SNSやメールなどの短い文ばかりでなく、長い文章を読んだり書いたりする
- 文章には「型」と「流れ」があることを理解する

■ 実用文とは?

- 読み手に理解してもらい、さらに読み手を動かすことを目的とする文章のことをいう

■ 実用文がうまく書けるようになるとどんないいことがあるか?

- 仕事がうまく回り、人間関係が良好になる
- 周りの人と信頼関係が築けるようになる
- 論理的思考が育つ
- 上手に話を組み立てられるようになる
- 話すことが上手になる

第2章
200字の法則で、読ませる文章を書く！

いきなり長い文章を書くことはできません。
まずは、200字の文章を書くことから始めましょう。
200字とは、1段落に当たります。
200字で的確に自分の考えを伝える「200字の法則」を
しっかり習得してください。

自分の文章の"ダメどころ"をチェック!

　第2章からは、具体的に「伝わる文章」の書き方を練習していきます。その前に、次の項目を読んで、当てはまるところにチェックを入れてみましょう。
　自分の文章のダメどころを確認しておくことで、意識して改善することができます。

- ☐ 書く以前に、何を書けばいいのか頭が真っ白になる
- ☐ 出だしが書けずに、時間ばかりがたってしまう
- ☐ 「です、ます」「である」など、語尾をどうすればいいのか迷う
- ☐ つなぎの言葉がうまく使えず、いつも「そして」になってしまう
- ☐ 1段落が短すぎて、ぶつぎれの文章になってしまう
- ☐ どこで文章を区切ればいいかわからず、ダラダラと書いてしまう
- ☐ 一応文章になっているけれども、伝えたいことを的確に表現できない

- ☐ 説得力のある文章が書けない
- ☐ あれこれ思い浮かんで、文章にまとめようとするとうまく整理できない
- ☐ つい難しい熟語を使うくせがあり、わかりやすく書けない
- ☐ ネットにある文章の真似が多く、オリジナリティのある文章が書けない
- ☐ 書いたら書きっぱなし。読み返すのが面倒
- ☐ 漢字が多かったり、文字がびっしり詰まっていたりして、読み返す気にならない
- ☐ 読み返してみると、誰に向けて書いた文章なのかはっきりしない
- ☐ 全体的に何が言いたいのかよくわからない文章になってしまう

あなたは、いくつチェックがつきましたか？

たくさんチェックがついたからといって、落ち込まなくても大丈夫です。この本で実用文の書き方を学べば、書くことが楽しくなりますよ。さあ、いよいよ次のページからは、伝わる文章を書くための技術を学んでいくことにしましょう。

第2章 | 200字の法則で、読ませる文章を書く!

伝わる文章って、どんな文章?

 伝わる文章の3つの性質

第1章では、実用文が上手に書けるようになることで、予想以上のメリットがあることを説明しました。

ここで、この本の目的をもう一度確認しておきましょう。それは、**「伝わる文章」を書けるようになる**ということです。

「伝わる文章」とは、集約すると次の3つの性質を持っています。

> 1　誰に向けて書いているのかが明確な文章
> 2　論理的に書かれている文章
> 3　わかりやすい文章

次からは、それぞれについて詳しく説明していきます。

 読み手がハッキリしている

伝わる文章の1つめの性質は、「誰に向けて書いているのか」が、ハッキリしている文章です。

実用文は、最終的には、誰かになんらかの行動をしてもらうために書く文章ですので、その「誰か」というのが明確にイメージされ

ていなくてはなりません。

　メールであれば、宛先の人が読むと決まっています。プロジェクトの趣旨説明であれば、上司、部下、同僚など、決まった範囲の何人かの人が読み手になります。

　一般的に、**読み手の範囲が限定されているほうが、文章は書きやすくなります。**

　メールのように読み手が決まっていれば、どういう言葉づかいで、どういう内容を書けばいいのか、という迷いはほとんどありません。自分と相手が共有している知識や文脈があるので、他の人が見てわからない文章でも、2人の間なら十分に伝わるのです。

　一方、読み手の範囲が広がれば広がるほど、文章は書きにくくなります。

　たとえば、公開しているブログの文章であれば、世界中のあらゆる人が閲覧できるので、読み手は不特定多数です。小学生の子どもが読んでいるかもしれないし、経営者が読んでいるかもしれません。日本人だけでなく、海外の人も閲覧しているかもしれません。

　読み手のレベルもさまざまです。事情をよくわかっていない読み手は、詳しい説明がほしいと思う一方で、事情がよくわかっている読み手は、基本的な説明よりも、その先を読みたいと思うかもしれません。

　また、読み手の範囲が限定されていないと、「です・ます体」で書けばいいのか、「だ・である体」で書けばいいのかがわからなくなったり、尊敬語を使ったほうがいいか、使わないほうがいいか迷ったりしてしまいます。

　したがって、**読み手の範囲が広い文章を書くときは、自分の身近な人をイメージして、その人にわかるように書いていくようにする**

のがコツです。「この人なら、どんなふうに説明すればわかってくれるかな」と想像しながら書いていくのです。

そうすれば、書き方に迷うことは少なくなりますし、書かれた文章もわかりやすくなるでしょう。

いずれにせよ、最初に**「読み手を決める」**ことが大切です。つまり、読者となる人のイメージがハッキリしていることが、伝わる文章の第一の条件です。

 ## 「論理的」に書かれている

一応文章にはなっているけれど、いったい何を言いたいのかわからない、と言われたことはありませんか？

伝わる文章の２つめの性質は、「論理的に書かれている」ことです。実用文は、何を伝えたいのかが明確である必要があります。

そして、ただ伝えたいというだけではなく、どのような根拠やデータに基づいてそれを主張しているのかということが明らかでなければなりません。

そのためには、文章をダラダラ書くのではなく、**論理の筋道にしたがって、文章を書く練習**をすることが必要です。

では、論理的に書くとは、どういうことでしょうか？

それは、**「事実」と「意見」だけで文章を書く**ということです。事実と意見以外には何があるのかというと、「〜したい」「〜したくない」「ワクワクする」「悲しい」といった自分の「気持ち」です。

たとえば、「パソコンを使うと目が疲れます。なぜなら、ピントを合わせる目の筋肉を酷使することになるからです」という実用文

に「気持ち」を入れると、次のようになります。

「パソコンを使うと目が疲れるし、気分もふさぎ込みがちになります。ですので、私はできるならパソコンを使いたくありません。ピントを合わせる目の筋肉も、酷使してしまうことになってしまいます」

前者と比べると、後者の文章は、「パソコンを使うとなぜ目が疲れるか」という伝えたい焦点がぼやけてしまいますね。

自分の気持ちを文章の中に書くという習慣は、小学校の作文以来の影響があるのかもしれません。

確かに、小学校では「〜ということを聞いてびっくりしました」とか「〜という本を読んで感動しました」というような文章を多く書いてきました。

意見と事実と気持ちの違い

論理的な文章

意見	根拠をともなった考え。「主張」ともいう。	〜に賛成だ 〜に反対だ 私は〜だと思う
事実	真偽が確かめられること。	なぜならば 〜だからだ

気持ち	個人的な感情。主観的なもの。根拠はなくてもいい。	〜したい うれしい 楽しい 悲しい さびしい

自分の気持ちを書くと、先生に評価してもらえることも多かったのではないでしょうか。そのクセが抜けず、つい自分の気持ちを文章の中に書いてしまいがちです。また、気持ちを書かないと何となく落ち着かない人もいるでしょう。

しかし、論理的な文章である実用文では、気持ちを書く必要はありません。**気持ちではなく「意見」として書けばいいのです。**

さらに、論理的な文章では、ただ意見を書くだけではなく、**意見を支えるものとして事実を書きます。**

つまり、意見と事実の組み合わせによって論理的な文章は構成されるのです。

「わかりやすさ」が格段に違う

伝わる文章の3つめの性質は、「**わかりやすい文章**」であることです。難しい単語や複雑な言い回しを使えば、立派な文章に見えると考える人がいるかもしれません。しかし、それは間違いです。難しい単語や複雑な言い回しを使いたがる人は、自分の考えが整理されていなかったり、明確な書き方を知らなかったりする人です。

伝わる文章を書くためには、何よりわかりやすく読みやすい文章でなければなりません。読者が途中で投げ出してしまうような文章では、伝わる文章とはいえません。

次に難解な例文と、やさしく書き直した例文をあげたので、読み比べてみてください。もっと読んでみたくなるのはどちらですか？伝わる文章とは、**平易な表現でも伝えたいことはしっかり伝える、わかりやすい文章**のことなのです。

❌ **難解な例文**

　喫煙が長期的に健康に害を及ぼすことは、すでに多数の医学的データから立証されているにもかかわらず、喫煙者の多くは禁煙に失敗しています。

　禁煙の方法として、指定の銀行口座に自分のタバコ代金と同じ額を貯金し、6カ月間禁煙ができたら、その口座に貯金されたお金が返金されるという手法がありますが、禁煙に失敗した場合は、そのお金は寄付のために徴収されます。

　この方法で、多数の禁煙成功者を生み出しています。

⭕ **やさしく書き直した例文**

　タバコを吸うことは、長い期間にわたって、健康を損なうことになります。これは、多くの医学的データによってすでに証明されています。しかし、多くの人はうまく禁煙ができません。

　そこで、良い方法が1つあります。それは指定の銀行口座に自分のタバコ代金と同じ額を貯金するというものです。

　もし6カ月間禁煙ができたら、その口座に貯まったお金は自分に戻ってきます。しかし、禁煙できなかった場合は、そのお金は寄付されてしまいます。

　これで禁煙に成功している人はたくさんいます。

第2章 200字の法則で、読ませる文章を書く！

まずは1段落を伝わる文章にする！

短い文章から書き始める

　伝わる文章を書くといっても、いきなり長い文章は書けません。そこで、この章ではまず、1段落の短い文章を書くことから始めましょう。
　1段落の文章は、字数でいうと、**だいたい200字**くらいになります。200字とは、400字詰め原稿用紙の半分、パソコンソフトのWordで40字25行でレイアウトすると、たったの5行です。
　200字ではたくさんの話題を入れることはできません。ですから、1段落の文章には、ひとつの話題について書いていきます。

200字はひとつのことを表現する目安の文字数

　日常で書かなければならない文章は、たいてい1段落の文章で間に合います。
　たとえば、メールの文字数で考えてみると、200字はかなり長いという感じがするでしょう。これ以上長ければ、紙にプリントアウトして読みたい、と思うような分量です。
　200字という長さは、ひとつのことを表現するための分量としての目安になるということを覚えておきましょう。

57ページからは、約200字で的確に自分の考えを伝えられるようになる「200字の法則」を紹介します。これは、文章を書く練習の第一歩となるでしょう。

この章では、次のような文章で例をあげることにします。

- 新プロジェクト立ち上げの提案文　　→58ページへ
- 講演会開催の報告文　　　　　　　　→60ページへ
- 社内グループ旅行の勧誘文　　　　　→62ページへ
- ゴミ出しルール徹底のお願い文　　　→64ページへ

 忙しい現代人は200字を読むのが精一杯!?

この章で取り上げる文章は、差し当たって読み手に概要を伝えるものです。もちろん、200字程度で伝えたいことをほとんど網羅できる場合もあります。

しかし、さらに詳細を正確に伝えるには、第3章で説明する1000字くらいの文章が必要です。

実用文の目的は、それを読んだ相手に行動を起こさせることですから、なぜそれをする必要があるのか、どこで待ち合わせをするか、何時に訪問するか、どういった手続きをするかなど、詳しい説明が必要になります。そのためには、1000字くらいはどうしても必要になるのです。

しかし、世の中の人々は、みんな仕事や勉強、遊び、趣味などに忙しいので、200字以上の長さの文章を読んでいる時間がないかもしれません。200字以上の文章を見ると、「長い！」と思ってしまう人も多いのではないでしょうか？

ですので、まずは200字くらいで、伝えたい内容をしっかりと組み込んだ文章を書き、だいたいの状況を把握してもらったあとに、詳しく書かれた文章で説明するほうが、丁寧です。

身の回りの文章を見てみると、何ページにもわたる長い文章にはたいてい「要約」や「あらまし」がつけられています。これは全体をまとめたもので、たいていは200字前後の字数で書かれています。つまり、どんなに長い文章であってもこの分量でまとめることができるということです。

読み手に正確に伝えるためにも、まずは**200字の法則**を身につけましょう。とはいっても、そんなに難しいものではありませんから、安心して読み進めてくださいね。

> **まとめ** 伝える文章の第一歩は、
> 200字で伝えたい内容を書けること

実用文のパターンは決まっている!

 文章の展開パターンを覚える

　さて、いよいよここからは、実際に文章を書きながら、1段落(約200字)の文章の書き方を学んでいきましょう。

　ここで例にあげるのは、55ページでも紹介した「提案」「報告」「勧誘」「お願い」の4種類の文章です。

　これらは、実用文の中でももっとも使われる頻度が高いものです。そして、それぞれに文章の展開パターンがそれぞれ決まっています。**展開パターンを覚えれば、この類の文章はスラスラと書けるようになるでしょう。**

　短い文章の中で自分の伝えたいことをしっかり伝える文章が書ける能力は、仕事に限らず、日常生活のなかでも役立ちます。友達の結婚式の二次会の幹事になることもあるかもしれませんし、マンションの管理組合の理事になることもあるかもしれません。

　そんなときに、さっと伝えたい文章を書くことができたら、文章を作る役割を前向きに引き受けることができますね。また、まわりからも喜ばれるでしょう。

　次にあげる4種類の文章パターンを、ぜひしっかり頭に入れておきましょう。

Ⅰ 提案文のパターン

まず、「新プロジェクトの立ち上げの提案」の文章を例に見ていきましょう。ここでは、人材開発部門で働く人が、ワークの開発を企画し、それを上司に提案するときの提案文という設定にします。職場などでよく必要とされる文章です。

❌ ダメな例文（106字）

新プロジェクトを立ち上げてワークを開発したいと思います。まず、ワークのプログラムを立案して、その後、トライアルという順序で進めるので、何人かのグループを作ります。ワークは、いい人間関係を築くというのがテーマです。

⭕ 伝わる例文（227字）

最初 良好な人間関係を保つことは難しいものです。そこで職場の人間関係を良くするためのワークの開発を提案します。**真ん中** このプロジェクトは、開発グループと実践グループで構成し、各グループごとに４人のメンバーを募ります。最初に、開発グループがワークのプログラムを立案します。そのプログラムにしたがって、実践グループがトライアルをします。その結果によって、プログラムを改善していくという流れです。**最後** ぜひ、このプロジェクトをスタートさせたいと思います。ご協力をお願いいたします。

ダメな例文を見てください。簡潔に見えてスラスラ読むことができますね。しかし、具体的なことは何も書かれていません。わかっ

た気にさせておいて何もわからないという、たちの悪い文章です。
　「ワークを開発したい」といわれても、何のワークなのかがわかりません。そのため、開発プロセスのイメージがわきません。グループの構成人数もわからないので、規模も見当がつきません。「いい人間関係を築く」ことがテーマとなっていますけれども、どんな人間関係改善にアプローチしているのかがあいまいです。

　では、伝わる例文を分析してみましょう。
　最初の部分は「**コンセプト（もっとも伝えたいこと）**」で、「難しい人間関係を良好に保つワークを開発したい」という提案の意図を書いています。提案者の意図を理解できるので、ワークの対象者や対象者のニーズもイメージできます。
　真ん中の部分は、「**構造**」です。構造は、メンバーの階層や、お互いの関係を示すときに使うパターンです。ここでは、プロジェクトメンバーがどのように構成されるか、さらに、このプロジェクトがどのように進んでいくのかについて書いています。これを「**プロセス**」と呼びます。進め方がわかると安心感もあります。
　最後の部分では、プロジェクトの協力をお願いして、「**ダメ押し**」をします。
　この1段落の文章の構造は次のようになります。

コンセプト	このプロジェクトの趣旨は何かを伝える
↓	
構造とプロセス	プロジェクトの構成とその流れを伝える
↓	
ダメ押し	提案全体を繰り返して締めくくる

Ⅱ 報告文のパターン

次は、「講演会開催の報告」の文章です。講演会やイベントなどを開催したあと、それらを報告するために書かれます。よくあるケースなので、知っておくと便利です。

> **❌ ダメな例文(119字)**
>
> 12月12日に、山田晴夫先生の講演会を開催しました。講演会では、タブレットをどのように使うかや、どうすれば有効に使えるかなどについて話していました。講演会に参加している人たちも、タブレットのことに興味津々だったようで、とても盛り上がりました。

> **⭕ 伝わる例文(234字)**
>
> **最初** 2013年12月12日、港区のイキイキホールに早稲田大学教育学部の山田晴夫先生をお招きして、「タブレットが教室に入ってくると何が変わるか」というテーマで講演をしていただきました。**真ん中** お話の要点は以下の通りです。①これから勉強の道具としてタブレットが導入されるようになる。②教室内だけでなく、家庭でもタブレットを使って勉強するようになるだろう。③タブレットをどのように活用するかがポイントになるだろう。**最後** 以上、タブレットの動向について詳しいお話を聞くことができ、参加者にも好評でした。

ダメな例文を見てみましょう。西暦や年号が入っていないので、いつの12月12日かわかりません。また、山田晴夫先生の肩書や所属先がわからないので、どこの山田先生かわかりません。もし、同

姓同名の人がいたら、その人との区別がつかなくなってしまいます。

　講演会の話の要点がまとまっていないので、山田先生が主張したかった点がわかりません。

　「とても盛り上がりました」とあります。しかし、様子を伝えたいなら「メモを取りながら聞いている人もいました」「多くの人が積極的に質問していました」など、イメージできる文章を入れたいところです。

　次は、伝わる例文を見ていきましょう。

　最初の部分は、この報告の概要を書いています。いつ、どこで、誰が、どんなテーマで、何をしたのか、を最初に伝えることで、これから報告したい内容の全体像が見えてきます。これも前の提案文と同じように、「コンセプト」を伝える部分です。

　真ん中の部分では、講演の内容を3つの要点にまとめています。これを「要約」と呼びます。このように、何かを報告する文章では、箇条書きにして要約すると、読んだ人がひと目で要点をとらえやすくなり、伝わりやすくなります。

　最後の部分は、参加者の反応を書いて、報告の全体を繰り返します。こうして読み手に「ダメ押し」をします。

　この1段落の文章の構造を整理すると次のようになります。

コンセプト　　この報告の趣旨は何かを伝える
　　↓
要　約　　　　内容の要点を拾って伝える
　　↓
ダメ押し　　　報告全体を繰り返して締めくくる

Ⅲ 勧誘文のパターン

自分の所属しているサークルに入ってもらいたいなど、相手を勧誘したいときの文章です。ここでは、「社内グループ旅行の勧誘」の文章について例をあげました。

❌ ダメな例文（84字）

> 大分県湯布院温泉に、グループ旅行を計画。２月21日（金）〜23日（日）の日程になりそうです。ぜひ、ふるってご参加ください。なお、参加希望者は、山田までお知らせください！

⭕ 伝わる例文（188字）

> **最初** 日頃の仕事の慰労とチームワークのさらなる結束を目指して、グループ旅行を次のように企画しました。**真ん中** ２月21日（金）〜23日（日）の２泊３日の日程で、場所は大分県湯布院温泉です。夜のイベントは、チーム対抗卓球大会を用意しております。参加費は１万５千円です。参加希望者は、１月31日（金）までに、総務部山田まで、口頭あるいはメールでお知らせください。**最後** たくさんの方の参加をお待ちしております！

勧誘文では、読み手に詳細を知らせることが必要です。詳細がわからないと、参加していいものかどうか判断できないからです。

ダメな例文を見ると、読み手に知らせているのは、旅行先と日程くらいです。旅行先での予定、参加費、そして、そもそもなぜグループ旅行が計画されたのかがわからないので、判断に困る人もいるでしょう。「参加希望者は、山田まで」と書かれていますけれども、

山田という姓は珍しくないので、どこの山田さんに、どんな手段で知らせるのかまで書かないと、この会社に所属している「山田さん」は全員困ってしまいます。

次に、伝わる例文を見ていきましょう。
　最初の部分では、勧誘の意図について書いています。「慰労とチームワークのためにこの企画をしました」ということを訴えているわけです。**「コンセプト」**は、文章の最初に持ってきて、「この文章は何のために書いたのか」ということをはっきりと読者に伝える役目を果たします。
　真ん中の部分では、日程、場所、イベント、参加費、参加希望者が具体的にどのようなことをするのかについて書いています。ここでは、決まったことを書いていますので**「事実」**と呼ぶことにしましょう。「事実」は文章の中では重要な部分です。とはいえ、決まったことを書けばいいので、それほど難しく考える必要はありません。
　最後の部分は、「たくさんの方の参加をお待ちしております！」と締めくくりをしています。つまり、**「ダメ押し」**です。
　この１段落の文章の構造を整理すると次のようになります。

- コンセプト　ここの企画の趣旨は何かを訴える
　↓
- 事実　日程、場所、参加費、参加申請などの決定している情報を提示
　↓
- ダメ押し　勧誘を繰り返して締めくくる

Ⅳ　お願い文のパターン

　会社の寮における「ゴミ出しルール徹底のお願い」の文章です。お願い文も、日常でよく使われます。経費清算書の提出期限を守るようにお願いしたり、最後に帰る人に戸締りをお願いしたりなど、読み手に守ってほしいことを伝えるときに有効です。

❌ ダメな例文（84字）

　ゴミを前日に出す人がいますが、当日の朝に出してください。また、ネットはかならずかけるように。袋の口もしっかりしばってください。ゴミ出しルールを守るように心がけましょう。

⭕ 伝わる例文（204字）

　最初 ゴミ出しルールを守っていただけますようお願いします。最近、カラスがゴミあさりをしてゴミが散乱するという事態が起こっています。**真ん中** 次のゴミ出しルールの３点を確認してください。①前日の夜にゴミを出さず、朝になってから出してください。②ゴミを出したあとはネットを元通りにかけておいてください。③ゴミ袋から中身が出ることのないように、袋の口はしっかりとしばってください。**最後** 以上、ルールを守っていただけますようお願いします。

　ダメな例文では、ゴミ出しルールを徹底しなければならない理由がわかりません。私たちは、ただ「〜してください」と言われても、それをする理由がわからないと、なかなか行動がともなわないものです。それに、お願い文なのですから、「お願いしたい」という姿

勢を見せることも大切です。

　ダメな例文は、どちらかというと「上から目線」に感じられるので、積極的に協力したい気持ちが失せてしまいます。お願いするのですから、低姿勢が基本です。そのうえで、具体的にお願いしたい内容を伝えないと、伝わらない文章になってしまいます。

　次は、伝わる例文についてです。

　最初の部分は、お願いの意図を書いています。「カラスがゴミを荒らすのでゴミ出しルールを守ってほしい」という意図です。発信者の意図を書くことで、お願いされた人は「そういうことなら協力しよう」という気持ちにさせられます。これは、これまでと同様「コンセプト」を伝える部分です。コンセプトは常に先頭に置きます。

　真ん中の部分では、3つのゴミ出しルールについて書いています。これを「方針」と呼びます。例のように、①②③といった「箇条書き」の形式を使うと、万人に誤解されることなく伝わります。

　最後の部分で、ルールを守ってもらえるように、お願いを繰り返しています。「ダメ押し」をして、お願いを強調しています。

　この1段落の文章の構造を整理すると次のようになります。

コンセプト	このお願いの趣旨は何かを伝える
↓ 方針	関係者に対して、どのように行動してほしいかを伝える
↓ ダメ押し	お願いを繰り返して強調する

段落展開の最初には、必ず「コンセプト」がくる!

文章の展開パターン

　以上、提案、報告、勧誘、お願いの文章を1段落で書いてみました。あまり込み入った話でなければ、**200字程度の1段落の文章で十分に伝えられる**ことが、わかると思います。

　この4種類の文章の展開パターンは覚えておくと便利です。構造が頭に入っていると、「報告文をまとめて」「そのアイデアなかなかいいから、提案文を書いてみて」などと言われたときに、さっと書くことができます。

　ちなみに、図にしてみると右のようになります。ポイントは、どんな文章でも、**最初に「コンセプト」がきて、最後に「ダメ押し」がくる**ということです。

　最初にコンセプトがくるのは、一番伝えたいことを初めに明示して、以下に続く文章を理解しやすくするためです。**詳しい内容は、すべてコンセプトのあとに続く**、というのが鉄則です。

　そして最後に、ダメ押しでもう一度念押しをすると、文章にまとまりがでます。

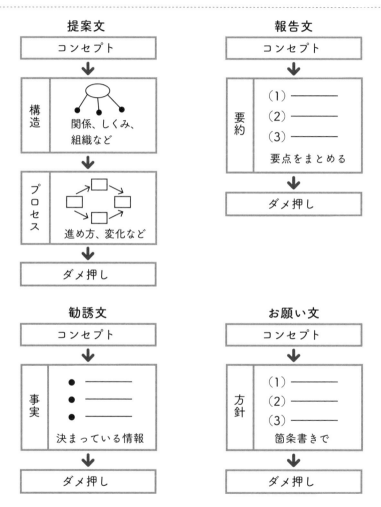

文章の展開パターン

まとめ コンセプトから始まる文は、読み手に理解されやすい

情報はいくつかのタイプに分類できる

 伝えたい内容によってパターンは決まっている

　コンセプトに続く文章は、いくつかのタイプに分類できます。これは情報構造化研究の第一人者、ロバート・E・ホーン教授が提案する「情報タイプ」に基づくものです。

- 事実（fact）
　日時、場所、会費など、すでに決まったことを説明します。
- 手続き（procedure）
　特定のことを成し遂げるための、やり方や手順を説明します。
- プロセス（process）
　時間の経過とともに何が起こるのかを説明します。
- 構造（structure）
　人と人の関係、組織の構成、全体と部分の関係を説明します。
- 方針（principle）
　原則、方針、ルールとされることを説明します。

　このように、私たちが伝えたい情報は、いくつかのタイプに分類できます。伝えたい内容は、事実なのか、手続きなのか、方針なのかなどを明確に意識することによって、その情報タイプの文章パターンにしたがって適切な文章を書けるようになります。

コンセプトに続く情報タイプの例

事実（fact）

すでに決まっていること

例
日時
場所
会費　　　　　など

手続き（procedure）

特定のことを成し遂げるためのやり方や手順

例
応募方法
登録方法
申込み条件
料金支払い方法　　など

プロセス（process）

時間の経過とともに起こること

例
実験の内容
プロジェクトの進行
作業の過程　　　など

構造（structure）

人と人との関係、組織の構成、全体と部分の関係など

例
プロジェクトの編成
各チームの関係
メカニズムのしくみ
会社の組織　　　など

方針（principle）

原則、ルール、目指す方向など

例
組織のルール
教育の目指す方向
経営方針　　　　など

まとめ 伝えたいことによって、文章パターンは決まってくる

読み手の頭に スッと入る文章を書くには？

 伝わる文章を書くための3つのルール

1段落の展開パターンを理解したところで、さらに伝わる文章の精度を高めていくための技術を紹介しましょう。

まず、思い出してほしいのは、伝わる文章とは、読んだ人がすぐにスッと理解できる文章です。何度も読み返さなければわからないようでは、伝えたいことも伝わりません。

段落の展開パターンを習得したあとは、その**中身の文章をわかりやすくする**ことを考えていきましょう。

そこで、次の3つのルールを覚えましょう。

> ・1つの単語は1つの意味で使う(ワンワード、ワンミーニング)
> ・1つの文では1つの事柄を伝える(ワンセンテンス、ワンアイデア)
> ・1つの段落では1つの話題を扱う(ワンパラグラフ、ワントピック)

その1 「ワンワード、ワンミーニング」で、文の解釈を明確にする

1番目のルールは「ワンワード、ワンミーニング」の原則です。1つの単語は1つの意味に限定して使います。また、逆に同じ意味であれば、常に同じ単語に統一するということです。

たとえば、この本の中では、「文」という単語と「文章」という単語を使っています。この2つは互いに似た意味の単語です。しかし、「文」と書いた場合は、句点「。」で終わる「1つの文」という意味で使っています。一方「文章」と書いた場合は、「2つ以上の文が連なっているもの」という意味で使っています。

似た単語であっても、意味が違うのであれば、違う単語を割り当てて使うことで、読み手の頭を整理することができるのです。

このように、**1つの単語には1つの意味を割り当て、他の意味で使う場合は、また別の単語を割り当てて使うこと**が「ワンワード、ワンミーニング」の趣旨です。

単語の使い道を区別する場合

「思い」と「想い」の区別
・母はとても優しい人だと**思い**ます。
　→「頭で考えたこと」という意味合いで使うとき
・「夢が叶いますように」と**想い**を込めた。
　→「心で強く想う」というニュアンスのとき

「眠る」と「寝る」の区別
・**眠り**の時間をしっかりと確保することが大切です。
　→寝ている間の時間を指すとき

> ・もう夜なので、**寝ます。**
> →布団に入って横になるという行為そのものを指すとき

　逆に、同じ意味なのにいろいろな単語を使っているときは、同じ単語に統一して使うことも必要です。
　たとえば、「息子」という単語と「長男」という単語が、どちらも「わが家の長男のこと」という意味であれば、**単語の意味が具体的なほうに統一する**ことで、よりわかりやすい文章になります。
　「息子」と「長男」なら、1番上の息子という意味がある「長男」を使うほうが適切です。
　ちなみに、同じ文章の中に、「果物」と「フルーツバスケット」という単語があった場合、「フルーツバスケット」という1つの英単語で意味をなしているので、「果物バスケット」ではなく「フルーツバスケット」と、そのままの英単語を使います。

同じ意味の単語を統一する場合

読み手に、より具体的に伝わるほうの単語を選ぶ
・「学校」と「小学校」→「小学校」に統一
・「鳥」と「すずめ」→「すずめ」に統一
・「雨」と「通り雨」→「通り雨」に統一
・「雑誌」と「ファッション誌」→「ファッション誌」に統一
・「ペン」と「赤いボールペン」→「赤いボールペン」に統一

その2 「ワンセンテンス、ワンアイデア」で、ダラダラ長文を短くする

2番めのルールは「ワンセンテンス、ワンアイデア」の原則です。これは、1つの文では、1つの事柄だけを伝えるということです。もっと言うと、**1つの文で、2つ以上の事柄を書いてはいけない**ということです。

この原則を守ると、文の長さが短くなります。文を短くすることによって、わかりやすい文章になるのです。

よくある悪い例が、「〜ですが、〜」というような「が」でつながれた文です。これは必ず2つの文に分割できます。

特に「が」という接続語を使うと、順接、逆接のどちらにも使うことができるので、文章の流れがわかりにくくなってしまいます。しかし、逆に、それが便利なので、つい多用してしまいがちです。

そこで、意識的に「が」を使わない練習をしてください。次のように、明確な接続語を補って文を分割します。

例 「今日は晴れですが、明日は雨かもしれません」
　→「今日は晴れです。しかし、明日は雨かもしれません」
　　（逆接）

例 「今日は晴れですが、明日も晴れると思います」
　→「今日は晴れです。だから、明日も晴れると思います」
　　（順接）

「ワンパラグラフ、ワントピック」で、1つの話題に終始する

3番めのルールは「ワンパラグラフ、ワントピック」の原則です。これは、**1つの段落では1つの話題だけを扱う**ということです。

ここで、提案文、報告文、勧誘文、お願い文の4種類の文章の展開パターンを思い出してください。すべてにおいて、最初にコンセプトを書きましたね。最初にコンセプトを書くということは、この段落の中にコンセプトと関係のないことは書かない、ということです。これが、1つの段落に1つの話題だけを書くという意味です。

> **❌ ダメな例文**
>
> 当社のホームページをリニューアルします。つきましては、ホームページのリニューアル案を、来週水曜日まで募集します。ふるってご応募ください。ホームページがしっかりしていると、信頼度も増しますよね。それは、企業にとって大切なものです。人間関係も信頼がなければ成り立ちません。会社もそれと同じです。

> **⭕ 伝わる例文**
>
> 当社製品の売り上げを前年度に比べ30％伸ばすため、ホームページをリニューアルします。そこで、ホームページのリニューアル案を、次の3つのテーマに分けて、全社員から募集します。①トップ画面のキャッチコピー案、②デザイン案、③内容案。詳細については、総務部の河原までご連絡ください。なお、募集締め切りは、来週水曜日までとします。

ダメな例文を見ると、次の2つのトピックが混ざりあっています。1つめは、ホームページのリニューアル案募集について。2つめは、ホームページと信頼度の関係について。

　1つの段落には1つの話題だけを書くという原則にしたがえば、この2つのことを書きたいのであれば、2つの段落を作らなければいけません。もし、ホームページのリニューアル案を募集することについて書きたいなら、1つの段落は、そのことだけで終始させましょう。

　焦点をハッキリさせることで、伝えたいことも明確になります。

> **まとめ** 読んだ人が理解できる文章には
> ルールがある

つなぎの言葉で「流れ」を作る

 文と文の間を上手につなげる

　1つの文と次の文の間にはつながりがあります。つながりがあるので、私たちは文章をすんなりと読むことができます。

　この「つながり」を示す単語を「接続語」と呼びます。文章を書くにあたっては、この接続語を上手に使うことによって、文章の流れを読み手に伝えることができます。

　基本的な接続語には、以下のようなものがあげられます。これらの接続語を上手に使って、文章に流れを作るようにしましょう。それだけで、文章がぐっと伝わりやすくなります。

基本的な接続語

- 順接 …… だから、そこで、したがって
- 逆接 …… しかし、にもかかわらず
- 並列 …… また、そして
- 添加 …… しかも、さらに
- 選択 …… または、あるいは
- 理由 …… なぜなら
- 例示 …… たとえば
- 制約 …… ただし、なお

・要約 …… つまり、ようするに
・転換 …… さて、ところで

ここで、次の文を読んでみましょう。

> **✗ ダメな例文**
> 日本ではこれまで中学校から英語が教えられてきたが、それは受験科目の1つとしての位置づけが強く、コミュニケーションの道具として使えるほどにはなっていない。

> **◯ 書き直した文**
> 日本ではこれまで中学校から英語が教えられてきた。**しかし、**それは受験科目の1つとしての位置づけが強い。**したがって、**コミュニケーションの道具として使えるほどにはなっていない。

ダメな例文は長すぎます。そこで、接続語を使って3つの文に分割すると、ひとつひとつの文が短くなり、読みやすくなります。文章全体としても、「しかし」と「したがって」という接続語が入ることによって、全体の流れがつかみやすくなります。

実用文では、どんな読み手にも誤解なく内容を伝えることが第一の条件です。長い文は誤解を生じる可能性が高いので、なるべく短い文を連ねて文章を書くようにしましょう。文と文の間に接続語を入れることで、文章の流れができて、わかりやすくなります。

まとめ 短い文と接続語の組み合わせで、わかりやすい文章にする。

第2章のまとめ

■ 伝わる文章とは？

- 誰に向けて書いているのかがハッキリしている
- 意見と事実だけで書かれ、論理的な文章になっている
- 平易な表現でわかりやすく書かれている
- 1段落は、200字程度でまとまっている
- 1段落は、200字程度で的確に伝える「200字の法則」を適用する

■ 実用文のパターンを知る

- 提案文のパターンは、コンセプト→構造とプロセス→ダメ押し
- 報告文のパターンは、コンセプト→要約→ダメ押し
- 勧誘文のパターンは、コンセプト→事実→ダメ押し
- お願い文のパターンは、コンセプト→方針→ダメ押し

■ 伝わる文章にするためのルール

- 1つの単語は1つの意味で使う（ワンワード、ワンミーニング）
- 1つの文では1つの事柄を伝える（ワンセンテンス、ワンアイデア）
- 1つの段落では1つの話題を扱う（ワンパラグラフ、ワントピック）
- 文はなるべく短めに。接続語を入れて、文章の流れを作る

第3章

「型」を覚えて、1000字の文章もスラスラ書けるようになる!

1000字というと構えてしまいそうですが、
実用文には決まった「型」があります。
その型に当てはめれば、どんな実用文も書くことができるという、
まさに「文章の方程式」。
あなたのほしい文章がすぐに作れます!

型にはめれば、1000字はスラスラ書けるようになる

相手に納得してもらう文章のボリュームとは？

　第2章を読んで、200字くらいの文章なら、書けるような気がしてきましたか？　「気がする」だけでなく、本当に「書ける」ようになるので、大丈夫です！

　さて、この章では、200字では字数が不足して書ききれない場合について説明します。

　たとえば、会議の資料として使う報告書や、相手企業に提出する提案書の場合は、200字では書ききれません。肉付けをして、しっかり納得してもらう文章にする必要があります。

　そういうときは、約1000字くらいでおさめるのが目安です。

実用文は3部構成で解決できる！

　では、1000字で書く場合、どんな型を使うのでしょうか？　それは、「序論・本論・結論」という3部構成の型です。

　ここで、第2章で説明した1段落の構成パターンを思い出してみてください。

　まず最初に「コンセプト」がきて、そのあとに、事実や方針、要

約などの「詳細」、最後に「ダメ押し」というパターンがありましたね。

「序論・本論・結論」は、1段落の構成である**「コンセプト・詳細・ダメ押し」に対応**しています。つまり、「序論」では、この文章で言いたいこと（コンセプト）を読者に紹介、「本論」では、言いたい内容を詳しく書いて（詳細）、最後に、「結論」で力強くまとめます（ダメ押し）。

これが実用文に共通して使われる「序論・本論・結論」の3部構成です。

序論は読み手の興味を起こす重要な段落

「序論・本論・結論」の全体1000字は、84ページの表のように、1段落200字程度の「5段落」で書きます。これは段落としてとても読みやすく、適切な文字数です。

各段落には、第2章で説明した「200字の法則」を当てはめます。まず、1段落目は序論です。そして詳細部分である本論は、3つの段落を使って説明していきます。

この本論部分の段落のひとつひとつは、それぞれ伝えたいことが異なりますから、「各論」と呼びます。つまり、**本論は、「各論1」「各論2」「各論3」の3つの段落からなっている**といえますね。

最後の段落は、文章の締めである結論です。これで5段落になりました。

全部で5段落ですので、それぞれに200字ずつを割り当てたほうがバランスがいいように思えます。しかし、コンセプト部分である

「序論」は、読み手の心をしっかりとらえる入口でもあるので、少し重みをつけましょう。「この文章を読みたい」「読むといいことがある」と思わせるためにも、**250字**くらいは必要です。

　もちろん、これはあくまでも目安の文字数です。少しくらいオーバーしても、逆に少なくても、伝えたいことがしっかり書かれていれば問題ありません。

5段落の基本の型

序論 250字		本論へつなげるための導入部分。この文章でもっとも伝えたいこと（コンセプト）を書く。意図、概略、問題提起、意見や主張など。	全体で1000字
本論		序論のコンセプトを支えるための詳細（説明）を本論（3つの各論）で書く。	
	各論1 200字	伝えたいことの詳細1を書く。そのあとに詳細1に対する、理由、証拠、事実、事例などを続ける。	
	各論2 200字	伝えたいことの詳細2を書く。そのあとに詳細2に対する、理由、証拠、事実、事例などを続ける。	
	各論3 200字	伝えたいことの詳細3を書く。そのあとに詳細3に対する、理由、証拠、事実、事例などを続ける。	
結論 150字		ダメ押しで力強いまとめ。	

実用文に起承転結は当てはまらない

「文章は、起承転結が大事なのでは？」という人もいるでしょう。では、起承転結のパターンとは何かというと、「起／話を説き起こして→承／つなげて展開させて→転／意外な話題を入れて→結／終結させる」ということです。

たしかに、起承転結のある文章は、文章としてのまとまりはあります。しかし、起承転結のパターンが活かされるのは、「詩」「短いエッセイ」「4コママンガ」などに限られます。

起承転結の「転」は、予想通りの行動では話がおもしろくないので、意外な話を盛り込んで、「結」でその結果である「オチ」を期待させるという流れです。

しかし、本書で扱っている「実用文」にオチは必要ありません。**実用文を読む人は、その文章を読んで知りたいことが明確になることを期待しているのであって、オチを期待しているわけではないのです。**だから、実用文では起承転結のパターンは使いません。

> **まとめ** 実用文は「序論、本論、結論」を
> 5段落で構成する

1000字は、忙しい人も目を通してくれる長さ

1ページにおさまる文章にする

「序論・本論・結論」の型に当てはめると、実用文は驚くほどまとまるようになります。

しかし、読書感想文が苦手だった人は、1000字という文字数を聞いただけで、「そんなに書けない」と思ってしまうかもしれませんね。

では、1000字とは、どれくらいの分量なのでしょうか？

800〜1000字というと、**400字詰め原稿用紙で2枚半**。パソコンソフトのWordで40字25行でレイアウトすれば、**1ページに収まる分量**です。

ちなみに、200字だとたったの5行！

忙しい人は、2枚以上の資料にはなかなか目を通してくれません。2ページ以上になると、腰を落ち着けて読まないと頭になかなか入ってこないからです。

しかし、1ページでおさまる文章であれば、目を通してもらえる可能性が十分に高まります。つまり、**必ず読んでもらうためには、1ページに収まる長さにする**というのがポイントなのです。それが1000字という長さです。

文章のかたまりは1000字程度

　この章では、1000字の文章の書き方を説明します。これから説明する方法を実践すれば、誰でも書けるようになるでしょう。

　1000字で書く技能を身につければ、どんな長い文章でも平気になります。どんなに長い文章であっても、ひとつひとつのかたまりは、1000字くらいの長さの文章でできているからです。

　そのかたまりをもっと分けると、ひとつは200字になりますね。

　この本も、ひとつひとつの項目（2ページの場合）は、約1000字くらいの長さで書かれています。それが集まって、1冊の本になっているのです。

　そう考えると、本を書くことも夢ではないかもしれませんね。さぁ、さっそく始めましょう。

> **まとめ** 忙しい人に読んでもらいたいなら、
> 　　　　 1ページで収まる1000字が最適

どんな文章も怖くない、実用文の最強7つの型とは?

これで、たいていの実用文は書けるようになる!

　実用文の基本形は、「序論、本論、結論」の3部構成であることと、本論は各論3つの全5段落で構成にすることを説明しました。

　ここからは、5段落構成を使って、日常の中で頻繁にやりとりされている文章について見ていきましょう。

　ここで取り上げる文章は、次の7種類です。

型1　企画書・提案書(相談をするときの文章)
型2　報告書・連絡文・謝罪文(報告や連絡、お礼、お詫びをするときの文章)
型3　勧誘文・依頼文(お願いをするときの文章)
型4　レポート(成果を読んでもらうときの文章)
型5　紹介文・推薦文(相手におすすめするときの文章)
型6　エッセイ・ブログ・日記(自分の記録のための文章)
型7　自己PR文・エントリーシート(自分を知ってほしいときの文章)

「型」を覚えれば苦手意識はなくなる

　この7種類は、それぞれ決まった文章の組み立て方があります。

それを、**文章の「型」**と呼びます。
　この基本となる文章の型を身につければ、誰でもラクに文章が書けるようになり、文章に対する苦手意識もなくなるでしょう。

　冒頭マンガで白石君が係長に提出した文章は「企画書・提案書」です。相談をするときの文章も、同じ型1の仲間です。
　次のページからは、各型について、書く内容や順番などの詳細をあげました。また、「ダメな例文」と「伝わる例文」を読み比べたあと、どうすれば伝わる例文を書けるようになるかについて、説明しました。
　「型」にしたがって書けば、伝わりやすい実用文になることがわかると思います。

> **まとめ** 基本の型を身につければ、
> 1000字の文章もラクラク書ける！

企画書・提案書

相手に相談をするときの文章

 おもしろそう！と思わせることが大事

　企画書や提案書は、相手に「○○をしませんか？」「○○を取り入れませんか？」など、何かを相談するときの文章です。つまり、相手に「おもしろそうだから、やってみようか」と思わせるような文章にしなければなりません。

　また、相談をするからには、企画や提案の中身を具体的に伝えることも必要です。

　ちなみに、文末は一般的には「です」「ます」です。簡潔な文体を好む場合は「〜だ」「〜である」にしてもかまいません。

こんな場面で使用

- 新しいプロジェクトを立ち上げるとき
- 新しいアイデアを相談するとき
- 問題に対する改善案を伝えるとき
- 新しい取り組みを提案するとき

　　　　　　　　　　　　　　　　　　　　など

企画書・提案書の型

企画書・提案書では、その企画や提案の詳細を伝えることが中心。

序論

コンセプトを書く
- 企画提案の意図を書く。
- どんな企画・提案なのかを説明する。
- この企画・提案の基本的な考え方、根本的な思想などを伝える。
- 最初に読む人に興味を持ってもらえるような話題を引き合いに出すといい。

例）「40〜60代になると健康に不安を感じる人が多くなります。そこで、中高年を対象とした健康器具の開発を提案します」

本論

企画や提案の詳細を伝える。
伝えたいことを各論（ワンパラグラフ、ワントピック）で書く。

各論1　目的を書く
この企画・提案が何を達成しようとしているのかを書く。書き出しは「この提案の目的は、○○です」とひと言で言い切る。そのあと、その目的をさらに詳しく具体的に説明し、企画・提案の重要性を伝える。

各論2　構造を書く
この企画・提案に関わる人（構成員）やチーム、組織などの構成を書く。書き出しは、「この提案は○○で構成します」とし、そのあと、詳細を具体的に説明する。構成を明確にして、読み手がイメージできるようにする。

各論3　プロセスを書く
実際の進め方や、実施期間、進行するとどうなるか、いつ誰（グループ）がどんな仕事をするのか、最終的に目指していること、などを書く。書き出しは、「この提案は、○○のように進めます」とし、そのあと、詳細を具体的に説明する。提案・企画していることの道筋をイメージできるようにする。

結論

実施するメリットとお願いを書く
- この企画・提案を実施することでどんなメリットがあるのかを繰り返す。
- 最後に、協力のお願いを書いて締めくくる。

例）「この健康器具の開発を行うことで、○○が期待できます。健康志向の中高年にマッチした商品を開発したいと思いますので、ご検討をお願いいたします」

※コンセプト：もっとも伝えたいこと

人材開発部門で働く人が、ワーク開発を上司に提案する場合

 ダメな例文

人間関係を築くワーク開発の提案

　新しいプロジェクトを立ち上げ、人間関係を改善するワークを開発したいと思います。このプロジェクトでは、開発グループと実践グループという2つのグループを作ります。そして、開発グループではプログラムやシナリオ作りなどを、実践グループではワークを行い、改善案を出しながらよりいいものを作り上げていきます。

　このワークを開発し、これを職場で適用することによって、職場の人間関係の改善が促され、気持ちよく働ける環境作りに貢献できるでしょう。このワークのおかげで、仕事の効率もはかどるようになります。

　良いプログラムになるように工夫していきたいと思いますので、どうかご協力のほど、よろしくお願いいたします。

ダメな理由

- なぜこのプロジェクトを提案しようと思ったのか、意図が明確ではない。

- 開発グループと実践グループの規模がわからない。

- 職場の人間関係の改善を促すことに役立つ根拠がわからない。

- どんな内容のワークを考えているのか、イメージが伝わらない。

伝わる例文

人間関係を築くワーク開発の提案

序論

❶良好な人間関係を築くことは、とても難しいものです。職場でも、友人関係でも、また家族の間でも、ちょっとしたことで行き違いが起こって、うまくいかなくなることがあります。❷考えてみると、人とのつきあい方をきちんと教わった人はいないのではないでしょうか。そこで、人間関係を良好に保つためのワークを開発するプロジェクトを提案します。

本論

各論1

❸このプロジェクトの目的は、職場における人間関係を良くするためのスキルを向上させることです。人間関係は大きく分けて、職場での関係、友人関係、家族関係、恋愛関係に分類できます。このプロジェクトでは、職場での人間関係に限定して、そのスキルを向上させるワークを開発します。このワークを受けることによって、職場での人間関係がさらによくなり、お互いに気持ちよく働ける環境を作り出すことを目指しています。

各論2

このプロジェクトは、開発グループと実践グループで構成します。各グループはそれぞれ4人のメンバーを想定しています。開発グループは、人間関係ワークのプログラムとシナリオを立案します。一方、実践グループはそのプログラムとシナリオを受け取り、実際にワークを試しながら、改善案を提案します。

各論3

このプロジェクトの実施期間は、3か月間です。まず、プロジェクトがスタートしてから1か月の間に、開発グループがワークのプログラムとシナリオを書きます。次の1か月で、実践グループがそのプログラムにしたがって、トライアルのワークを実施します。その結果によってワークの改善案をまとめます。最後の1か月は、開発グループと実践グループが一緒になって、トライアルをしながら、プログラムを改善していきます。

結論

❹人間関係ワークを職場で実施することで人間関係が良くなり、働きやすい職場になることが期待できます。❺そのための良いプログラムを作りたいと思いますので、ご検討のほどお願いいたします。

「企画書・提案書」をうまく書くコツ

◉ 序論のポイント

まず、どんな企画や提案なのかを明確にし、なぜこの企画や提案をしようと思ったのか、その意図を書きます。その際、読み手が興味を持ちそうなことを引き合いに出しましょう。

例文のように「良好な人間関係を築くことは、とても難しいものです」（❶）と最初に意図を持ってきてもかまいません。

さらに、「考えてみると、人とのつきあい方をきちんと教わった人はいないのではないでしょうか」（❷）と続けることで、読み手に共感を起こさせ、「人間関係を良くするためのワーク」の必要性につなげていきます。

◉ 本論のポイント

企画書や提案書では、相手（上司や取引先の人）が相談にのれるように、その企画や提案の詳細を伝えることが中心です。プロジェクトの提案であれば、「プロジェクトの目的」「プロジェクトにかかわるメンバーと組織」「プロジェクトの段取り」というような情報が必要です。

例文では、この３つの内容が本論の３つの段落、すなわち各論に割り当てられています。そして、**それぞれの段落の最初の文は、この段落のコンセプト（もっとも伝えたいこと）**になっています。

- このプロジェクトの目的は、……です。
- このプロジェクトは、……で構成します。
- このプロジェクトの実施期間は、……です。

最初にコンセプトを言い切ることで、読み手はこの先何について書かれているかをだいたい予測することができるので、安心して読み進めることができます。

では、各論について１つずつ見ていきましょう。

本論の1つめ（**各論1**）では、プロジェクトの目的がコンセプトですので、**目的をひと言で言い切ります**。例文では、「このプロジェクトの目的は、職場における人間関係を良くするためのスキルを向上させることです」（❸）になります。そして、このプロジェクトで扱う人間関係の範囲（職場の人間関係に限定すること）を明確にします。

次は、本論の2つめ（**各論2**）です。プロジェクトの目的をハッキリさせたら、それが**どんな組織になるのかについて述べる**必要があります。このプロジェクト全体はどのような組織になるのか、それぞれの組織の人数、すでにメンバーが決まっている場合は、構成員についても説明します。こうして、組織の構造をイメージできるように伝えます。ちなみに、この段落は「構造」の段落パターン（69ページ）を使っています。

最後は、本論の3つめ（**各論3**）です。プロジェクトの目的とそのプロジェクトの組織を把握したあとは、**実際のプロジェクトの期間と進め方について説明していきます**。時間の経過にしたがって、それぞれのグループがどのような仕事をして、最終的にはどうなるのかを示し、プロジェクトの道筋をイメージできるようにします。

この段落は、「プロセス」の段落パターン（69ページ）を使っています。

● **結論のポイント**

最後の結論では、「**ダメ押し**」を書きます。具体的には、ここまでに書いたことの「**まとめ**」と「**お願い**」を書きます。

例文でいうと、まとめ部分は「人間関係ワークを職場で実施することで人間関係が良くなり、働きやすい職場になることが期待できます」（❹）に当たり、職場の人間関係が良くなることを繰り返し伝えています。

最後は、「そのための良いプログラムを作りたいと思いますので、ご検討のほどお願いいたします」（❺）とお願いの言葉で締め、プロジェクトへの協力を読み手に訴えています。こうして**もう一度、ダメ押し**をすることで、読者になんらかの行動をとることを促します。

報告書・連絡文・謝罪文

> イベントなどの報告や連絡をするときの文章

 要点を整理してまとめる力が必要

　報告書とは、イベントやプロジェクト、研究発表、視察旅行、会議など、何かイベントがあったときに、どんな内容で行われたのかを正しく伝えることが求められている文章です。そのため、そこに参加していない人にもわかるように、要点を整理してまとめる能力が問われます。

　同様に連絡文や謝罪文も、相手が正確に状況を把握できるように要点をまとめることが大切です。

　これらの文章には、「気持ち」や「感想」は入れません。事実だけを伝えます。

こんな場面で使用

- イベントやプロジェクトが終わって報告をするとき
- 研究発表や会議の報告をするとき
- 期末や年度末に業務の振り返りをして報告するとき
- 依頼された件を断るとき
- プロジェクトに協力いただいたお礼を伝えるとき
- お詫びをするとき→101ページ

など

報告書・連絡文・謝罪文の型

報告や連絡、謝罪をするときの文章の型。
講演会や会議、連絡事項などの詳細を正しく伝える。

序論

報告の概略を書く

開催された講演会や会議などのコンセプトと、開催結果を事実として述べる。

いつ、どこで、誰が、どんなテーマで何をしたのかといった、事実を書く。

最後に**「以下にその要点をまとめる」**と書き、本論に続ける。

> 例）「2019月3月14日(木)13：00頃、お客様より当社の接客不手際に対して苦情が寄せられた。以下に苦情の要点をまとめる」

本論

報告の要点を書く。要点はそれぞれの内容に分割（ワンパラグラフ、ワントピック）して書く。要点は3つ作ること。3つにすることで説得力を高めることができる。

各論1：1つめの要点を書く

内容の1つめを書く。講演会や会議なら、話された内容の要点や実施したこと、業務報告なら業務上の出来事、クレーム対応なら受けたクレームの要点を書く。
書き出しは「第1に〜」として、内容を続ける。

各論2：2つめの要点を書く

内容の2つめを書く。書く内容は、各論1と同様。
書き出しは「第2に〜」として、内容を続ける。

各論3：3つめの要点を書く

内容の3つめを書く。書く内容は、各論1と同様。
書き出しは「第3に〜」として、内容を続ける。

要点を3つ書いたら、各論の最初の文だけを抜き出す。読んだときに、全体の流れがわかるように整理する。

結論

全体のまとめを書く

講演会や会議などの場合、全体の様子と、今後の展望を書く。

＊結論部分は内容によって変わる→101ページの表参照。

> 例）「店長より苦情を寄せられたお客様にお詫びの電話を差し上げるとともに、不手際のあった店員への指導を行った。二度と同じことが起こらないように、全店員に向けて接客マナーの徹底を呼びかける予定だ」

※要点：講演会や会議などの中心となる部分や重要な点を選び、わかりやすくまとめること。

第3章 「型」を覚えて、1000字の文章もスラスラ書けるようになる!

主催者が講演会の様子を社内でシェアするために作られた報告書

✗ **ダメな例文**

講演会「タブレットが教室に入ってくるとき」の開催報告

　2019年4月10日に、山田晴夫先生の講演会を開催しました。山田先生は、学校にもタブレットが導入されることについてお話しされ、もしそうなると、教科書をタブレットで読んだりすることも一般的になるということです。私は、IT機器がそれほど得意なほうではないので、授業もタブレットを使うようになったら困るな、と正直思いました。

　また、子どもたちが学校でタブレットを使うようになると、親もタブレットを触らないわけにはいかなくなるといいます。本当にそんな未来がくるのでしょうか？　ちょっと不安です。ノートに文字を書かなくなれば、漢字がますます書けなくなってしまうかもしれません。

　不安もいっぱいの山田先生のお話しでしたが、時代の流れの変化を知るには、とてもためになる講演会でした。参加されたみなさんも、満足された様子で帰っていかれました。

ダメな理由

- 山田晴夫先生が、どんな人物なのかがわからない
- どこで、何時から開催され、何人くらいの参加者が集まったのかわからない。
- 講演会のテーマが明確でない。
- 要点が整理されていないので、講演会の全体像が見えない。
- 書き手の感想が入った文章で、報告書とはいえない。

伝わる例文

講演会「タブレットが教室に入ってくるとき」の開催報告

序論

❶ 2019年4月10日（午後1～3時）に、文京区のニコニコ文化センターに早稲田大学教育学部の山田晴夫先生をお招きして、「タブレットが教室に入ってくるとき」というタイトルで講演をしていただきました。参加者は120人でした。この講演では、急速に広まりつつあるタブレットが、教育の道具として教室に導入されたとき、どんな効果が期待できるのかということについて、お話しいただきました。以下にその要点をまとめます。

本論

各論1

❷ 第1に、学校に勉強の道具として、タブレットが導入されるようになるということです。すでに一部の学校や自治体では、タブレットの導入を実行に移しています。これは、タブレットが教科書やノートと同じように、授業の中で勉強道具の1つとして使われるようになるということです。教科書をタブレットで読んだり、練習問題をタブレット上で解いたりすることも普通に行われるようになってくるでしょう。

各論2

❸ 第2に、タブレットが導入されることによって、教室の中だけでなく、家庭でもタブレットを使って勉強するようになるということです。このことによって、家族もまたタブレットを使う機会が増えていくでしょう。子どもに勉強を教えるときには、タブレットを触らないわけにはいかないからです。

各論3

❹ 第3に、こうした状況になってきたときに、タブレットをどのように活用するかがポイントになってくるということです。教科書がタブレット上で読めるようになったときに、ノートに書くという行為はどうなるのでしょうか。このようにアナログ情報とデジタル化された情報をどのように結びつけていくかが今後の課題になってくるでしょう。

結論

❺ たくさんの人から質問を受けるなど、とても画期的な講演会になりました。❻ 今後も定期的に講演会を開催していく予定ですので、参加者の関心あるテーマをさぐり、魅力ある講演会にしていきたいと思います。

「報告書・連絡文・謝罪文」をうまく書くコツ

● 序論のポイント

　報告の文章を読むとき、読み手はすでにテーマを知っていることがほとんどです。ですから、序論では、❶のようにすぐに本題に入っても大丈夫です。講演会の報告であれば、日時、場所、講演者、タイトル、参加人数、どんなテーマの講演だったか、といった事実を書きます。

　また、期末の業務報告であれば、業務の内容とその目標が達成されたかどうかを書きます。序論で**だいたいの概要**を書いておけば、読み手が忙しいときでも序論だけを読んで内容をつかむことができます。

● 本論のポイント

　本論では、**報告の要点**を書いていきます。「要点」の内容それぞれが、「各論」にあたります。ここでも、**要点は３つに分けて報告**します。２つ、４つ、５つでもいいでしょう。しかし、３つに分割すると記憶に残りやすく、理解もしやすくなるので、おすすめします。

　さて、本論の要点についてです。この例文では、各段落の始まりは「第１に〜」「第２に〜」「第３に〜」となっています（❷〜❹）。

　このように書くと、各段落の内容が無理なくつながり、一貫性のある文章になります。**一貫性があるかないかは、各段落の最初の文を拾って読んでみると判断できる**ので、書いたら試してください。つながりが悪い場合は、内容の分割がうまくいってないということなので、スムーズにつながるように修正をします。

● 結論のポイント

　例文の結論では、**「全体の様子と今後の展望」**を書いています。例文では「たくさんの人から質問を受けるなど、とても画期的な講演会になりました」（❺）という全体の雰囲気を書いています。この一文があることで、講演会の様子が目に浮かびます。

　また、「今後も定期的に講演会を開催していく予定です。参加者の関心あるテーマをさぐり、魅力ある講演会にしていきたいと思います」（❻）と締めることで、さらなる発展の決意を示しています。

これが、主催者から参加者に向けての報告書であれば、次のように謝意とお願いで結びます。

> 　たくさんの人に参加していただき、ありがとうございました。今後も定期的に講演会を開催していく予定ですので、関心のあるテーマがありましたら随時お寄せいただけますようお願い申し上げます。

　このように、報告書の場合、結論部分は**内容によって、また、誰に向けて報告するかによって変わってきます。**次に読み手や内容によってどのように結論が変わるかを表にしましたので、見ておきましょう。

● 謝罪文の場合の型とは？

　謝罪文も、報告書の仲間です。序論で「多大なご迷惑をおかけして誠に申し訳ありませんでした」といった誠心誠意のお詫びの言葉が加わる以外は、報告書の型で書けます。**序論で**お詫びの言葉と謝罪に至るまでの概略を書き、**本論では**お詫びの詳細を要点にまとめ、**結論で**、今回の教訓を元に二度と同じ過ちを繰り返さないように取り組んでいく**決意を**書いていきます。

　謝罪文は書かないにこしたことはありません。しかし、もしものときは報告書の型を知っていれば楽に書くことができます。

結論のパターン

報告書の種類	書き手→読み手	結論部分の内容
講演会報告	主催者→参加者	謝意とお願い
シンポジウム・開催報告	主催者→一般の人	まとめと次回へのお誘い
業務報告	社員→上司	問題点と改善案
助成金実施事業報告	主催者→助成金出資団体	成果のまとめとお礼
調査報告	調査を請け負った会社→クライアント	調査のまとめと展望
作業報告	作業員→依頼人	作業のまとめと次回の依頼を希望すること

 # 勧誘文・依頼文

誘ったり、お願いしたりするときの文章

 相手に検討してもらえるようなわかりやすさがカギ

　勧誘文や依頼文は、仕事でも私生活でも多用される文章です。相手を誘ったり、何かをお願いしたりするときに書く文章なので、まず相手に検討してもらえることが必須です。

　理解に苦しむような文章だったり、きちんと整理されていない文章だったりすると、誘われてもお願いされても、検討する気にさえなりません。

　相手に検討してもらいたいなら、一度読んだだけで頭にスッと入ってくるわかりやすい文章であることが重要です。

こんな場面で使用

- グループ旅行にお誘いするとき
- 結婚式の二次会の案内をするとき
- プロジェクトやイベントを手伝ってもらいたいとき
- チームに所属してほしいとき
- セミナーの集客をしたいとき
- 仕事をお願いするとき

　　　　　　　　　　　　　　　　　　　など

勧誘文・依頼文の型

相手を誘ったり、何かをお願いしたりするときの文章の型。
相手に検討してもらうためにわかりやすく書く。

序論

誘いや依頼の内容と意図を書く

誘いや依頼の内容を提示し、どういう意図（目的）で勧誘や依頼をしているのかを説明する。
なぜ誘いをうけているのか、なぜ依頼されたのか、読み手を納得させる。

> 例）「企画力のスキルアップを目指し、営業企画部の方を対象に、毎週金曜日18:00〜、弊社A会議室にて『企画力アップ研究会』を開催します」

本論

勧誘、依頼することの詳細の情報を書く。情報はそれぞれの内容に分割（ワンパラグラフ、ワントピック）する。

各論1　1つめの情報を書く

勧誘や依頼することの具体的な情報の1つめを書く。1つめの情報は、読み手がその誘いや依頼を検討するための大きな要素となる、日程、場所、時間などを書く。
書き出しは「まず〜」とし、内容を続ける。

各論2　2つめの情報を書く

勧誘や依頼することの具体的な情報の2つめを書く。計画しているイベントなどの詳しい内容（どんなことをするのか）について書く。
書き出しは「次に〜」とし、内容を続ける。

各論3　3つめの情報を書く

勧誘や依頼することの具体的な情報の3つめを書く。参加費と申込み方法を書く。読む必要が少ない情報ほどあとに回す。
書き出しは「最後に〜」とし、内容を続ける。

結論

お願してダメ押しを書く

読み手が最後に読むもっとも記憶に残りやすい結論部分は、勧誘や依頼した相手にしてほしい行動を書き、最後のお願いをする。

> 例）「ぜひ、たくさんの方の参加をお待ちしております！　ふるってご参加ください」
> 「講演会でみなさんにお会いできることを、心より楽しみにしています。ご検討のほどよろしくお願いします」

第3章 「型」を覚えて、1000字の文章もスラスラ書けるようになる！

部署内で、グループ旅行を計画している場合

 ダメな例文

グループ旅行へのお誘い

　大分県湯布院温泉に、グループ旅行を計画しています。ぜひ、みんなで一緒に行きませんか？
　日程は、2月21日（金）〜23日（日）です。「クラブ湯布院」というホテルが宿泊場所になりますが、夜はいろいろな催しものを考えています。みんなでワイワイ楽しみながら、一致団結するいい機会だと思います。
　ちなみに、参加費は5000円です。
　ホテルまでは、各自集合ということで宜しくお願いします。
　参加希望者は、総務部山田までお知らせください。たくさんの方のご参加をお待ちしております！

ダメな理由

- なぜこの旅行が計画されたのか、意図や目的がわからない。
- 思いついたことがダラダラ書かれていて、読みにくい。
- 「いろいろな催しもの」の内容がわからない。
- クラブ湯布院の場所、参加費を渡すタイミング、参加希望の〆切日が不明

伝わる例文

グループ旅行へのお誘い

序論

❶ 今年度もまもなく終わりに近づいています。みなさんの努力のおかげで、今年度の目標は達成できる見通しです。ありがとうございます。そこで、日頃の仕事の慰労とチームワークのさらなる結束を目指して、グループ旅行を次のように企画しました。

本論

各論1

❷ まず、日程と場所です。日程は、2月21日（金）から23日（日）の二泊三日です。金曜日は、それぞれで休暇を申請してください。場所は、大分県湯布院温泉です。湯布院温泉にある「クラブ湯布院」（大分県湯布院湯布院町○番地）というホテルが宿泊場所です。金曜日の午後6時までに各自ホテルに集合してください。

各論2

❸ 次に、イベントについて紹介します。1日目の夜のイベントは、チーム対抗卓球大会を予定しています。各チームダブルスで3組ずつのエントリーをしていただき、チーム戦での勝敗を競います。2日目の夜のイベントは、各チームから寸劇の出し物をします。両方ともチームでの準備をよろしくお願いします。

各論3

❹ 最後に、参加費と申し込み方法についてお知らせします。参加費は、お1人5000円です。参加費は、当日現地にて総務部山田が集めます。参加希望者は、1月31日（金）までに、総務部山田まで、口頭あるいはメール（yamada@****.co.jp）でお知らせください。折り返し、参加確認のメールを送ります。

結論

❺ みなさんと一緒に、来年度も良い仕事ができますように願っています。ぜひ、たくさんの方の参加をお待ちしております！

「勧誘文・依頼文」をうまく書くコツ

● 序論のポイント

お誘いやお願いの文章では、序論部分で、**誘いや依頼の内容を提示し、このお誘いや依頼がどういう意図を持っているのかを説明する**ことから始まります。例文でいうと、❶のようにどんな意味や趣旨のある旅行なのかを説明することで、「それなら参加してみようかな」と、読み手に興味を持たせることができますね。ほかにも、講師の先生に社員研修をお願いしたいときの依頼文なども同様です。

> 　○○先生におかれましては、ますますご活躍のことと心よりお喜び申し上げます。さて、このたび当社では、営業力を強化する一環といたしまして、若手社員を中心に、プレゼンテーション研修を開催することになりました。つきましては、○○先生にご登壇を賜りたく、ご連絡差し上げた次第です。詳細については次の通りです。

このように、冒頭でなぜお誘いを受けたり、依頼されたりしているのか、読み手を納得させることが「序論」の役割です。

● 本論のポイント

序論で読者の気持ちをつかんだら、次は事実を伝えます。例文でいうと、「日程と場所」(❷)「どんなイベントがあるのか」(❸)「参加費と申し込み方法」(❹)というような情報が必要です。お誘いやお願いの文章では、**具体的な情報が「本論」**になります。

本論は、情報を整理して順番に提示していきます。読者がまず知りたいのは、旅行の日程と場所でしょう。いくら行きたい旅行でも都合がつかなければ参加できませんし、どこに行くのかでも興味が違ってきます。ですので、一番最初に「**日程と場所**」を伝えます。

そのあとに、旅行先でどんなことをするのか、「**さらに詳しいイベントなどの情報**」を提示します。たとえば、「ワインの飲み比べのイベント」

であれば、お酒を飲めない人は参加しませんし、お酒が大好きな人ならすぐに参加を決めるかもしれません。

一番最後に提示するのは**「参加費と申込み方法」**です。この旅行には参加できないと思った人は、参加費と申し込み方法の情報は不要なわけですから、読む必要が少ない情報ほど、あとに回します。

このように、本論は3つの各論で構成しています。そこで、読み手が今、全体のどの部分を読んでいるのかがわかるように、段落の先頭では**「まず〜」「次に〜」「最後に〜」**のような接続語を使います。すると、読み手の頭の中もスッキリ整理することができます。

● 結論のポイント

最後の結論では、「ダメ押し」を書きます。例文でいうと、「みなさんと一緒に、来年度も良い仕事ができますように願っています。たくさんの方の参加をお待ちしております！」(❺)と、書き手の願いを書いて結論にするといいでしょう。ほかにも次のようなものがあります。

・講演の依頼なら「○○先生の講演会が実現できることを、心より祈っております。ぜひご検討のほどよろしくお願い申し上げます」

・至急見積りの依頼なら「勝手なお願いで申し訳ありませんが、一両日中にお見積りいただけますと大変助かります。何卒、よろしくお願いいたします」

・商品購入のお願いなら「ご都合のよろしいときに、貴社にうかがってご説明させていただきますので、何卒ご検討のほどよろしくお願いいたします」

・異業種交流会へのお誘いなら「たくさんの素敵なご縁が生まれることを楽しみにしています。ぜひ、ふるってご参加ください」

結論は読み手が最後に読む部分です。そのため、もっとも記憶に残りやすいので、**読み手にしてほしい行動を書く**のがコツです。

レポート

根拠を示して自分の意見を明確にする文章

 相手を納得させる明確さが大切

　レポートとは、根拠を示しながら、自分の意見や立場を主張する文章です。大学では、課題として提出を求められます。社会人の場合は、仕事で自分の意見や立場を主張しなければならないときに、書く必要があります。

　意見を明確に述べて相手を納得させられる文章を書く技術があると、あなた自身の評価も高まり、まわりから一目置かれるようになります。

　なお、レポートでは、「です・ます」体ではなく「だ・である」体を指定される場合が多いので、ここの例文も「だ・である」体で書いています。

こんな場面で使用

- 実験や研究などのレポートを書くとき
- マンションの管理組合などに意見を述べるとき
- 根拠やデータを元にして、自分の意見を文章にしたいとき

など

レポートの型

話題にする特定のトピック（事柄・出来事）に対して、自分の意見や主張を明確に述べ、相手に納得してもらうときの文章の型。

序論

トピックの背景や問題提起、自分の主張を書く

取り上げるトピックについて、なぜこのトピックを取り上げたのかという背景や、問題提起、目的などを書く。そのあとに、このトピックについて、自分の意見や主張を明確に記す。

例）「少子高齢化が進む日本において、介護施設の整備は急務な課題だ。今回、○○地区に大規模な介護施設を建設する計画があがっており、私はこれに賛成する」

本論

序論で示した自分の主張の根拠となる理由を書く。理由はそれぞれの内容に分割（ワンパラグラフ、ワントピック）して書く。根拠を3つ並べて、持論に説得力を持たせる。

各論1　1つめの理由とその根拠を書く

自分の主張の裏づけとなる（立場を支持する）理由の1つめを書く。書き出しは「1つめの理由は～」とし、その理由を示したあと、その理由を補足する根拠を書く。

例）「1つめの理由は、介護する側の負担軽減になるからだ」

各論2　2つめの理由とその根拠を書く

自分の主張の裏づけとなる（立場を支持する）理由の2つめを書く。書き出しは「2つめの理由は～」とし、その理由を示したあと、その理由を補足する根拠を書く。

例）「2つめの理由は、病院と直結している施設があると介護される側も安心できるからだ」

各論3　3つめの理由とその根拠を書く

自分の主張の裏づけとなる（立場を支持する）理由の3つめを書く。書き出しは「3つめの理由は～」とし、その理由を示したあと、その理由を補足する根拠を書く。

例）「3つめの理由は、介護士の雇用促進という側面もあるからだ」

結論

まとめとダメ押しを書く

1～3で述べた3つの理由を簡潔にまとめて書く。最後に自分の主張を再度明確にし、主張のダメ押しをすることで、印象を強くする。

例）「私は、介護者の負担軽減、介護される側の安心感、介護士の雇用促進という3つの理由から、○○地区の大規模介護施設建設計画に賛成したい」

研修会の課題としてレポート提出を求められた場合

ダメな例文

小学校での英語必修化について

　2011年度から、小学校の高学年において英語教育が導入された。私はとてもいいことだと思う。私は中学生から英語を学校で習ってきたが、使える英語ではなかったためか、海外に行っても英語でコミュニケーションをとることができない。そんなとき、すごく不便を感じるので、今の子どもたちはグローバルな社会の中で生きることも踏まえて、英語は必修にしたほうがいいだろう。

　それに、これからは英語で仕事をする機会も増えるかもしれない。実際、私の職場でも海外企業との取引が多くなり、外国人から電話がかかってくることも珍しくなくなった。その電話をとるたび、びくびくしているが、こんなときに英語が話せたらどんなに楽しいだろうか、と思う。

　このような理由から、小学校の英語教育が導入されることに、私は賛成だ。

ダメな理由

- 小学校での英語必修化問題をなぜテーマにあげているのか、その背景がわからないため、文章のはじまりに唐突さがある。

- 書き手は賛成の立場をとっているけれども、その根拠となるものが、自分の体験に基づいたものばかりなので、客観性に欠け、根拠としては弱い。

伝わる例文

小学校での英語必修化について

序論

❶日本では中学校から外国語、特に英語が教えられてきた。しかし、それは受験科目の1つとしての位置づけが強いため、コミュニケーションの道具として使えるほどにはなっていない。長い時間をかけて英語教育をしているにもかかわらず、使えるようにはなっていないという批判も多く聞かれる。そうした状況の中、小学校での英語教育が2011年度から導入された。はたして、小学校高学年において英語教育が必修という枠組みで行われることはいいことなのだろうか。❷この問題について、私は小学校での英語必修化に賛成の立場を取りたい。

本論

各論1

❸小学校での英語必修化賛成の1つめの理由は、大人になったとき英語で困らないようにしたほうがいいからだ。大人になって海外旅行したときに、意思疎通できない人が多いようだ。海外旅行で、基本的な意思疎通ができないと不便である。また、意思疎通ができれば、旅行を豊かな体験にする可能性も広がってくる。

各論2

❹英語必修化の2つめの理由は、英語は海外に進出するときに便利だからだ。海外での仕事や、国内であっても外国人との共同作業など国際的な仕事の多くは、英語が共通言語として使われている。このようなときに通訳や翻訳なしに仕事を進めることができれば、便利であり、より多くの能力を発揮することができる。

各論3

❺英語必修化の3つめの理由は、できるだけ外国の文化に親しんでおいたほうがいいからだ。現代はグローバルな時代である。グローバルな世界においては、お互いの協力なしには存続できない。そのときに重要なのはお互いの意思疎通である。お互いが相手を理解し合い、尊重し合うためには、お互いの文化を理解することが必要である。

結論

世界のグローバル化が進んでいる中、小学校での英語の授業の必修化が実施された。私は、この方向を支持したい。その理由は、大人になったとき英語で困らないようにしたほうがいいこと、英語は海外に進出するときに便利であること、そして、外国の文化に親しむべきであることの3点である。これらの理由により、小学校での英語必修化を支持したい。

「レポート」をうまく書くコツ

● 序論のポイント

序論では、特定のトピックについて自分の意見や立場を示します。しかし、いきなりそれを書くのではなく、まずこの**トピックを取り上げるに至った背景**を書きます（❶）。

そのあと、**自分の立場**を示します。例文でいうと、「小学校での英語必修化に賛成する」（❷）が書き手の意見に当たります。

● 本論のポイント

本論では、**序論で示した自分の立場の理由**を書きます。そのあと、その理由をあげた根拠となることを書きます。理由は1つあるいは2つでは自分の立場を支えるには弱いのです。しかし、3つの理由をあげると、読み手も納得しやすくなります。

例文でいうと、1つめの理由は、「大人になったときに、英語で困らないようにする」（❸）にあたります。

その理由となる根拠は、海外旅行をして英語がしゃべれないと不便ということです。これから海外旅行をする機会も多い私たちに、ぜひ英語で意思疎通ができるようにしてほしいと主張しています。

2つめの理由は「英語は海外に進出するときに便利である」（❹）ことです。その理由となる根拠で、ますますグローバル化する社会の中で生きていく子どもたちにとって、英語が話せないと自分の能力を発揮できないことを説いています。

3つめの理由は「グローバル化の時代では外国の文化に親しんでおいたほうがよい」（❺）ということです。その根拠として、仕事に限らず、他の国の人たちとも理解し合い尊重しあう必要がある現代において、子どものうちから英語に慣れ親しんでおいたほうが、他国の人と意思疎通がはかれていい、と説明しています。

このように、**自分の主張の根拠となることを整理して書く**のがポイントです。

● **結論のポイント**

　結論では、各論で述べた３つの理由を簡潔にまとめて繰り返し、最後に自分の立場を再び明らかにして**「ダメ押し」**します。
　こうして読み手の印象に強く刻み込みます。

● **レポートを書くにあたって重要なことは？**

　レポートを書くことが苦手な人は多いでしょう。しかし、レポートはここで示したような「型」がもっとも当てはまりやすい文章です。そして型さえ決めてしまえば、とても書きやすくなります。レポートが苦手だという人は、レポートの型を知らないか、あるいは知っていても使わないからなのです。
　レポートの型の中でも重要なのは、**序論の最初に述べる「背景」の部分**です。これは意外なことかもしれません。主張のほうが重要だと思う人もいるでしょう。しかし、主張は問題の設定ができれば自然に導き出されます。設定された問題に対して賛成あるいは反対の立場を取ればいいのです。
　重要なのは問題を設定するために必要な背景の部分なのです。ここをよく調べて書くことが大切です。

紹介文・推薦文

人におすすめするときの文章

 自分が気に入ったものを伝えるときに

　紹介文・推薦文は、自分がいいと思ったものを人に紹介したいときに書く文章です。

　たとえば、おいしいレストランや打ち合わせに最適の場所をみつけたとき、感動した本に出会ったときなどに、ブログやFacebookなどに書いておすすめするときにも役立ちます。

　もちろん、それだけでなく、映画や演劇やコンサート、さらには旅行、買って使ってみたものなどを紹介するなど、いろいろなケースで使うことができ、応用範囲の広い型です。

こんな場面で使用

- 自分が読んだ本やお気に入りのものを人に紹介するとき
- 穴場の旅行先を紹介するとき
- おすすめレストランを紹介するとき
- 映画や演劇、美術展、コンサートなどの感想を伝えるとき
- 職場の気に入っているところを伝えるとき
- 営業先に扱っている商品の優れた点を紹介するとき

など

紹介文・推薦文の型

自分がいいと思ったものを
人に紹介したいときに書く文章の型。

序論

紹介・推薦するものの提示とおすすめの対象を書く

まず、紹介したいものがどんな物なのかを明確にする。そのあと、それがどんな人に役立つのかということを書いて、読み手が対象かどうかの情報を与える。

> 例）「家族愛の素晴らしさを再確認させてくれる感動的な映画『○○○』を紹介します。親子、夫婦、恋人同士で、ぜひ見ていただきたい映画です」

本論

紹介するものの全体像、おすすめポイント、感想を書く。これらはそれぞれの内容に分割（ワンパラグラフ、ワントピック）して書く。

各論1 全体像を書く

紹介するものの全体像（物の場合、形、色、用途など）を書いて、読み手にだいたいのイメージが伝わるようにする。

各論2 おすすめポイントを書く

紹介するもののもっとも優れているところについて書く。そのあとに、なぜ優れているのかという根拠を書く。書き出しは「○○のおすすめポイントは〜です」とする。

各論3 使用した感想を書く

紹介するものを使用したり、体験したりした感想を、自由に、素直に書く。枠にとらわれず、自由に書いたほうが読み手に伝わる。

結論

まとめとダメ押しを書く

各論で伝えてきた点を短くまとめて、再度おすすめする。

> 例）「家族の絆に気づかされる感動のストーリーはもちろんのこと、主演女優の迫真の演技も見どころです。お休みの日に大切な人と、ぜひご覧ください」

WEBコラムでビジネスバッグをおすすめする場合

ダメな例文

通勤に大活躍のビジネスバッグ

　以前使っていたビジネスバッグが古くなったので、新しいバッグに買い替えました。それがとてもよかったので、紹介したいと思います。

　このバッグは、イタリアのブランド〇〇〇（ブランド名）のものです。デザインがとてもオシャレなので、ひと目見ただけで気に入りました。実際、女子社員たちから、「素敵なバッグですね」と声をかけられることも多くなり、服装にも気を使うようになりました。

　そして、何よりもよかったのが、大容量収納が可能ということ。私は営業マンなので、外回りが多く、いろいろな資料を持ち歩かなければなりません。ですから、どれだけ資料や荷物が入るのかが重要になります。

　ときにはノートパソコンも持ち歩くので、パソコンも収納できるバッグがいいなと思っていましたが、このバッグにはその機能もちゃんとついています。これで安心して、パソコンを持ち歩くことができそうです。

　バッグを替えてから、仕事に行くのが楽しくなった気がします。いいビジネスバッグに出会いたいと思っている方は、ぜひご検討ください。

ダメな理由

- どんな人にすすめたいバッグかが書かれていない。
- デザインが気に入ったとあるけれども、どのようなデザインかがわからない。
- どのように収納できるのかイメージがわかない。
- パソコンを収納する機能がついているというけれども、安心してパソコンを持ち運べる根拠が書かれていない。

伝わる例文

通勤に大活躍のビジネスバッグ

序論

みなさんは、ビジネスシーンでどのようなバッグを使っていますか？ここでは、今私が使っている一押しのメンズ用ビジネスバッグを紹介します。値段は3万円とちょっと高めです。けれども、たくさんの資料を持ち歩く必要があるなど、荷物が多くなりがちなビジネスマンにぜひおすすめしたいバッグです。

本論

各論1

このビジネスバッグは、イタリアのブランド○○○（ブランド名）のビジネストートです。上品なブラウンレザーとキャンバスの組み合わせがオシャレ感を醸し出しています。一見コンパクトに見えます。でも、B4サイズの資料や14型ノートパソコン、書類や筆記用具、ペットボトルなども楽に入ります。仕切りが多いので、整理して収納することが可能です。とても丈夫なので、たくさん物を持ち歩く方は重宝します。

各論2

このバッグのおすすめポイントは、パソコンポケットが装備されている点です。振動が少ない前ポケットにあるので持ち運びも安心です。また、ウレタン素材を使用しているので、外部からの衝撃も保護してくれます。

各論3

このバッグを使用するようになってから、服装にも気を使うようになりました。女子社員から「オシャレなバッグですね」といわれることが多くなり、バッグに合わせて服装もきちんとしたくなったからです。ビジネスシーンはもちろん、ジャケットにチノパンなど、あらゆるシーンにマッチします。

結論

機能性だけでなく、デザイン性にも優れたビジネスバッグは、あなたの通勤を快適にしてくれるでしょう。ご興味のある方は、検討してみてはいかがでしょうか。

「紹介文・推薦文」をうまく書くコツ

● 序論のポイント

　序論では、紹介するものがどんなものなのかをまず明確にします。例文でいうと、「一押しのメンズ用ビジネスバッグを紹介します」(❶)という部分にあたります。

　そして、❷のように、紹介するものがどんな人に役に立つのかということを必ず書きましょう。**コンセプトと対象読者を初めに書く**ことで、その紹介文を読んだ人に、この先をさらに読むべきか、それとも対象外なので読まなくてもいいか、という情報を与えるわけです。

● 本論のポイント

　本論では、各論を３つ作ります。まず１つめの各論では、「**商品の全体像**」について**説明**します。商品の全体像というのは、細かい部分よりも、俯瞰で眺めた視点です。全体像を把握することで、そのもののだいたいのイメージが伝わります。

　例文でいうと、「イタリア製のブランドのビジネストート」(❸)とあることからだいたいの形がわかります。「上品なブラウンレザーとキャンバスの組み合わせ」(❹)という生地や色を書くことで、そのバッグの雰囲気も伝わります。「コンパクトに見えて、ものがたくさん入る」(❺)、「仕切りが多いので整理収納ができる」(❻)ということから、バッグの中の様子も予想がつきます。

　２つめの各論では、紹介するもののもっとも優れているところ（おすすめポイント）について書きます。例でいうと、「パソコン用ポケットがついている」(❼)に当たります。そのあとに、なぜ優れているのかという根拠を書きます。

　３つめの各論では、「紹介しているものを実際に使用した感想」を自由に書きます。例文では、バッグを変えることで服装にも気を使うようになった(❽)ことを書いています。使ってみた感想なので、枠にとらわれ

ず、思ったままのことを書いてかまいません。書き手の素直な感想は、案外、読み手の心を打つものです。

● **結論のポイント**

結論では、各論で伝えてきた点を短くまとめて、興味を持った人には検討してもらえるように、「**まとめとダメ押し**」を書いて終わりにします。この型を覚えておくと、お気に入りのカフェや感動した映画などを紹介したい、と思ったときなどにも活用できます。

● **本を紹介する場合**

苦手意識を持っている人が多い読書感想文も、この「紹介文」の型を使うと、上手に書けるようになります。これを覚えておくと、本を紹介する文章が書けるようになります。

序論では、**紹介する本がどんな内容を扱っているのかというコンセプト**を書きます。そして、その内容がどんな人に役に立つのかも書くといいでしょう。

本論では、各論を３つ作ります。１つめの各論では「**あらすじ**」を書きます。ここでは自分の考えや感想を書く必要はありません。著者が言いたいことをざっくりとまとめます。たいていの本では、「まえがき」の部分でその本の内容を短く紹介しているので、そこを読みながら書くとあらすじがまとまります。

２つめの各論では、「**特におもしろかったところ**」を取り上げて詳しく書きます。自分にとって一番おもしろかったところ、興味を引かれたところに絞るといいでしょう。

３つめの各論では、「**本を読み終わって考えたこと**」を自由に書きます。本を読んで連想したことや、インスピレーションを受けたことなど、枠を決めずに書きます。

結論では、「**まとめとダメ押し**」を書きます。本の内容を短くまとめてこの本をおすすめする理由をダメ押しし、興味を持った人に読んでもらえるように促します。このように、読書感想文も実用文として考えると、型に当てはめて書くことができます。

エッセイ・ブログ・日記

自分の思いをやわらかくつづる文章

☆普段思っていることを書き表す

　社会人になると、会報やお知らせなどで、ちょっとした文章(エッセイ)を依頼されるケースもあるでしょう。また、毎日ブログや日記を書いている人もいるかもしれません。

　このように、強い主張ではなくて、自分の考えや思いをやわらかい文章にするという機会はけっこうあるものです。しかし、普段書き慣れていないと、思ったり考えたりしていることをうまく文章に表すことができません。

　そんなときに、「エッセイ・ブログ・日記」の型を使うとラクに書くことができます。

こんな場面で使用

- 頼まれて短い文章を書くとき
- エッセイを投稿するとき
- ブログを書くとき
- 自分の記録のために日記を書くとき

　　　　　　　　　　　　　　　　　　　　　　　など

エッセイ・ブログ・日記の型

自分の考えや思いをやわらかい文章でわかりやすく書く型。

序論

出だしのあいさつと話題の導入を書く

出だしのあいさつのあと、近況などを書く。最後に、これから書く話題のことに触れる。

> 例）「営業部に配属されました、吉川達也です。これから、私が健康のために心がけていることについて、紹介します」

本論

取り上げたい話題について、事実やエピソードなどを書く。話題はそれぞれの内容に分割（ワンパラグラフ、ワントピック）する。

各論1　1つめの話題とその話題を提供した理由を書く

書き出しは「1つめは～」とする。そのあとに、その話題を出した理由、そして目標などを書く。

> 例）「1つめは、ジョギングです。毎日短い距離でもジョギングをすると、自然と体力がついてくるからです」

各論2　2つめの話題とその話題を提供した理由を書く

書き出しは「2つめは～」とする。そのあとに、その話題を出した理由、そして目標などを書く。

> 例）「2つめは、暴飲暴食をしないことです。仕事柄、飲みに行く機会が多いので、食事を気をつけることは大切だと思うからです」

各論3　3つめの話題とその話題を提供した理由を書く

書き出しは「3つめは～」とする。そのあとに、その話題を出した理由、そして目標などを書く。

> 例）「3つめは、睡眠をしっかりとることです。寝不足は体の不調を招くからです。毎日、少なくとも6時間は睡眠をとることを目標にしています」

結論

まとめとおわりのあいさつ

簡単なまとめを書き、最後に終わりのあいさつを書く。

> 例）「何事も体が資本ですから、これからも健康を心がけていきたいと思います」

社内報にエッセイを載せる場合

ダメな例文

レシピ動画は優れもの

　こんにちは。料理をするとき、レシピ本を見ながら作っていましたが、最近はもっぱらレシピ動画ばかり見ています。

　レシピがいっぱい載っているので、何をつくればいいかアイデアが浮かばないときに見ていると、今日のメニューが決まりますよ！　動画だから、料理が苦手な人や、本嫌いの人にも嬉しい〜！

　私も、レシピ動画をたくさん活用して、料理上手になりたいです。

ダメな理由

- 「こんにちは」のあとに、いきなり話題に入っているので、唐突すぎる。

- レシピ動画のどういう点が優れているのか細かく書かれていないので、レシピ動画の良さが、今ひとつわからない。

- 社内報に載せるエッセイにしては、少しくだけすぎ。

伝わる例文

レシピ動画は優れもの

序論
❶社内報を担当しているさやかです。日々暑くなってきましたね。もうすぐ夏も盛りです。❷さて、みなさんは自分で料理をしていますか。料理はボケ防止にもいいし、ストレス発散にもなるそうなので、私もなるべく料理をしたいと思っています。でも、料理の本を見ながら作るのはなかなか難しいですね。そんなときに役立つのがレシピ動画です。そこで、レシピ動画の優れていると思う点を3つ紹介します。

本論

各論1
❸1つめは、料理の作り方を動画で提供している点です。こうしたサイトが増えているとのことです。確かに料理の作り方は動画で見せるには最適のコンテンツです。包丁の入れ方や混ぜ方など、文章では説明しにくいところが一目で見てわかるからです。

各論2
❹2つめは、動画は長くても20秒を超えないように、短い動画に分割されてる点です。全部の動画を見ても1分かかりません。動画にはナレーションも入っていません。動画についている説明文を読めばわかるからです。

各論3
❺3つめは、ビジネスでも活用できる点です。たとえば、エクセルの操作の説明をするとします。「セルの幅を変えるには」という操作は文章では説明しづらいものです。しかし、5秒の動画であれば一発でわかります。社内でこうした短い動画を共有していけば、みんなのスキルがアップするかもしれませんね。

結論
これら優れもののレシピ動画を見ながら、料理にも仕事にも活用していけたらと思っています。

「エッセイ・ブログ・日記」をうまく書くコツ

● 序論のポイント

序論では、**はじめのあいさつをして、近況**を書きます。とくに、社内報などに寄せるエッセイなどのときは、話題に入る前に近況などを書きます。例文では、「社内報を担当しているさやかです。日々暑くなってきましたね。もうすぐ夏も盛りです。」(❶) がそれに当たります。

ブログの場合は、「お元気ですか？ エリです」「こんにちは、料理研究家の○○です」など、**出だしの文章を決めておく**といいでしょう。文章を書くときにいつもつまずくのが出だしですから、ここを決めておけば悩むことなくラクに書き始められるわけです。

あいさつのあとは、**話題を導入**します。例文では、「さて、みなさんは自分で料理をしていますか」(❷) から始まっています。その後、「料理の本を見ながら作るのはなかなか難しいですよね」と共感を得るような言葉を添えることで読み手に興味を持たせ、レシピ動画の話題にスムーズに移行しています。

● 本論のポイント

本論では、**取り上げたい話題**を書きます。エッセイやブログを書く場合、思いついたことをダラダラ書いてしまいがちです。しかし、話題を整理して、段落ごとに書くことが大切です。

例文でいうと、1つめの優れた点は「料理の作り方を動画で提供している点」(❸) です。なぜ動画だと料理の作り方がわかりやすいのか、その理由をあげることで読者に納得感を与えます。

2つめの優れた点は「短い動画に分割されている点」(❹) です。短い動画にどんなメリットがあるかをイメージさせます。

3つめの優れた点は「ビジネスでも活用できる点」(❺) です。レシピ動画がどのようにビジネスで活用できるのか、料理と仕事をつなげることで、レシピ動画の新たな視点を与えています。

このように、レシピ動画の3つの優れた点についてあげているので、各論は3つになっています。
　ただし、必ずしも3つの話題を取り上げる必要はありません。1つの話題だけを書いてもいいですし、2つでもいいのです。読む人を飽きさせないように、各段落は簡潔に書いたほうがいいでしょう。

● 結論のポイント

　結論では、「まとめとおわりのあいさつ」を書きます。ここも他の実用文のようにきっちりとまとめる必要はありません。簡単なまとめで十分です。ブログの場合は、はじめのあいさつと同様、おわりのあいさつも決めておくと便利ですね。
　日記を私的に書いている人も、この型に沿って、自分の考えをまとめてみましょう。毎日書けば、実用文を書くいい練習になります。

● ブログと日記を効果的に書く方法

　日記を私的に書いている人も、この型に沿って、自分の考えをまとめてブログとして公開してみてはいかがでしょうか。毎日書けば、実用文を書くいい練習になります。
　その場合、私的な日記の文章と公開するためのブログの文章を2つ書くのはかなりの負担になります。ですので、私的な日記のほうは、完全な文章ではなく、箇条書きのメモにしておきます。そして公開するブログの文章はそのメモを見ながら、説明を書き加えていくというようにするといいでしょう。

自己PR文・エントリーシート

自分のことを相手にアピールする文章

☆自分のことを客観的に書く

　自己PR文、自己紹介文は、就職や転職のためのエントリーシートや、ホームページ、ブログ、SNSのプロフィールなどいろいろな場所で書く機会があります。

　自分のことを書くのですから、簡単に書けそうな気がします。しかし、いざ書いてみると意外に難しいことがわかるでしょう。

　自分のことをいかに客観的に書くかがポイントです。そうすることで、説得力を持たせるのです。

　ここでは、転職のためのエントリーシートを例にあげて説明していきましょう。

こんな場面で使用

- 転職活動や再就職活動で自己PR文を書くとき
- 就職活動のエントリーシートで自分をPRするとき
- ブログやSNS、自分のホームページで自己紹介文を書くときとき

　　　　　　　　　　　　　　　　　　　　　　　　　　など

自己PR文・エントリーシートの型

相手に自分の強みを知ってもらうための文章の型。
事実を積み重ねて根拠を示し、読み手を説得する。

序論

伝えたい3つのアピールポイントを短い言葉で書く

自分のアピールしたいところ（＝自分の強み）を主張する。相手の印象に残るように、3つのアピールを、短い言葉で言い切りで書くとよい。書き出しは「私の強みは〜の3点です」とする。

例）「私の強みは、観察力、分析力、実践力の3点です」

本論

本論では、序論であげた3つのアピールポイントを、それぞれの内容に分割（ワンパラグラフ、ワントピック）して、事実やエピソード（事例）を書く。

各論1　1つめの強みと根拠を書く

自己PRとなる自分の強みの1つめを書く。書き出しは「1つめの私の強みは〜」とする。そのあとに、その強みの根拠となる、事実とエピソードを書く。

各論2　2つめの強みと根拠を書く

自己PRとなる自分の強みの2つめを書く。書き出しは「2つめの強みは〜」とする。そのあとに、その強みの根拠となる、事実とエピソードを書く。

各論3　3つめの強みと根拠を書く

自己PRとなる自分の強みの3つめを書く。書き出しは「3つめの強みは〜」とする。そのあとに、その強みの根拠となる、事実とエピソードを書く。

結論

まとめとダメ押しを書く

3つの自分の強みとエピソードを再度簡単にまとめる。就職・転職の場合は、採用されたらその強みを活かして仕事をしていきたい、自分を採用してほしいという希望をさりげなく書く。

例）「私の強みは、観察力、分析力、実践力の3つです。これまでの経験で培った力を、さらに磨いていきたいと思っています」

転職活動で企業に提出する自己ＰＲ文の場合

 ダメな例文

自己PR「私の強み」

　私の強みは、企画力があることです。私はこれまで、イベントや企画の仕事をしてきましたし、社内報なども担当していたので企画には自信があります。イラストを描くのも好きで、発想力も豊かなほうだと思っております。

　また、公私ともに人脈の多さも強みの１つです。SNSでは500人以上友だちがいますし、いろいろなイベントにも数多く参加しています。多方面に知人、友人を持っています。

　さらに、ランニングをはじめ「計画を立てて粘り強くがんばる」ということをやってきました。

　貴社の仕事で新プロジェクトや新企画を開発するときにも、小さな失敗をあきらめずに全力でがんばっていきますので、よろしくお願いします。

ダメな理由

- 強みがいくつあるかを最初に提示していないので、読み手に不安を与える。

- 「企画力がある」ことの根拠がわからない。

- 人脈について、SNSでの友だちの多さは人脈に入らない。また、実際に会ったことがある友だちでも、いざというときに力になってくれる人脈かどうかがわからない。

- 「計画を立てて粘り強くがんばる」ことの根拠がわからない。

伝わる例文

自己PR「私の強み」

序論

　この自己紹介文では「私の強みは何か」ということについて書いていきたいと思います。私の強みをまとめると、❶企画する力、仲間を集める力、実現する力、の3点です。以下に具体的な内容とエピソードを書きましたので、採用の参考にしていただきたいと思います。

本論

各論1

　❷1つめの私の強みは、企画力があるということです。昨年は、○○ショッピングモールの一角にて、ボランティアによる子育て支援の取り組みについて展示企画を催しました。視覚効果を狙って写真の並べ方を工夫したり、子どもたちからのメッセージカードを展示したりしました。その企画は私が中心になって立てたものです。通常、ショッピングモールでの展示企画は人気がありませんけれども、その展示にはたくさんのお客さんが来てくれました。これは企画した内容がよかったからではないかと自負しています。

各論2

　❸2つめの私の強みは、人脈を活用して仲間を集めることが得意であるということです。1年前に友人と一緒に、社会人お花見会を設立しました。最初は数人のメンバーからスタートしました。その後、口コミでメンバーを募り、今では100人の会員がいます。このように私は何か企画を立てるのが好きで、それを実現するために仲間を集められるところが2番目の強みです。

各論3

　❹3つめの私の強みは、計画を立てて粘り強く実現することです。私はあまり運動が得意ではありません。しかし、2年後にフルマラソンを走るという目標をかかげ、1年前から週に3回ランニングをしています。この1年間で20キロまで走れるようになりました。また、3カ月前からコーチについてトレーニングを始めています。私は、計画を立てて着実に進めていくのが性に合っているようです。

結論

　本採用に応募するにあたり、「私の強み」は何かということを考えました。それは、❺企画力があること、仲間を集めること、計画を立てて粘り強く実現することの3つです。このような強みを活かして、ショッピングモールでの展示企画を成功させたり、お花見会を設立したり、20キロを走ることを実現することができました。❻これからも、自分の能力を将来の仕事の中でさらに伸ばしていきたいと思っています。

「自己PR文・エントリーシート」をうまく書くコツ

● 序論のポイント

自己PR文やエントリーシートでは相手に自分の強みを知ってもらうことが重要です。ですから、**最初に自分の強みを言い切ってしまいましょう**。

例文のように「企画する力」「仲間を集める力」「実現する力」(❶)と短い単語でズバッというと、相手の印象に残りやすくなります。

● 本論のポイント

本論では、序論であげた3つの強みについて、各段落で、その**裏付けとなる事実やエピソード**を書きます。事実を積み重ねて根拠を示し、読み手を説得します。

例文でいうと、1つめの強みは「企画する力」(❷)です。ここでは、ショッピングモールの展示会を企画して、自分が中心になってやりとげたこと、その展示にはたくさんのお客さんがきてくれたこと、という3つの事実をもって、企画力があることを主張しています。

2つめの強み「仲間を集める力」(❸)では、友だちと社会人お花見会を設立し、その会のメンバー集客に口コミで100人のメンバーを集めたことをあげて、人脈力の根拠としています。

3つめの強み「実現力」(❹)については、2年後にフルマラソンを走るという目標を立てて、1年前から週3回、ランニングをしていること、その結果、20キロまで走れるようになったことを根拠にしています。こうして、「実現力」がある人だと、相手を納得させています。

● 結論のポイント

結論では、**「まとめとダメ押し」**を書きます。例文のように、序論で述べた「企画力があること」「仲間を集めること」「計画を立てて粘り強く実現すること」という3つの自分の強みについて繰り返し書く(❺)ことによって、相手の記憶に刻みます。

そして最後に、「これからも、自分の能力を将来の仕事の中でさらに伸ばしていきたいと思っています」（❻）といった**自分を採用してほしいという希望**をさりげなく書いてダメ押しとすれば、自分の強みをアピールすることができます。

● 自己の強みを知る方法

　自己ＰＲをするのが気恥ずかしいと思う人も多いでしょう。また、自分を客観的に眺めることは意外と難しいことです。その結果、自分の強みをうまく文章に表現することができない場合も出てきます。

　そういうときは、**友だちや両親にインタビューしてみる**のはいい方法です。自分をよく知っている人に自分のことを聞いてみると、自分自身では思いもよらなかったことが強みや良いところとしてとらえられていることがわかります。

　つまり、自分の強みや良いところは自分では「当たり前」のこととして考えているので、なかなか気づかないということです。そのインタビューの内容をもとにして自己ＰＲ文を書いてみましょう。

第3章のまとめ

■ 1000字の文章を書くためには？

・実用文は、序論→本論→結論で、すべて書ける
・本論を各論3つで構成し、文章全体は5段落でまとめる

■ それぞれの型の構成

【型1　企画書・提案書】
コンセプト→目的・構造・プロセス→メリットとダメ押し

【型2　報告書・連絡文・謝罪文】
報告の概略→要点（3つ）→全体のまとめと展望

【型3　勧誘文・依頼文】
勧誘や依頼の内容と意図→具体的な情報（3つ）→お願いとダメ押し

【型4　レポート】
トピックの背景や問題提起、自分の主張→自分の主張の裏づけとなる根拠→まとめとダメ押し

【型5　紹介文・推薦文】
紹介・推薦するものの提示とおすすめの対象→紹介・推薦するものの全体像、おすすめポイント、感想→まとめとダメ押し

【型6　エッセイ・ブログ・日記】
出だしのあいさつと話題の提供→各話題とその話題提供の理由→まとめとおわりのあいさつ

【型7　自己ＰＲ文・エントリーシート】
伝えたい3つのアピールポイント→それぞれの強みについての根拠→まとめとダメ押し

第4章

表現をプラスすると、みるみるうまい文章になる！

この章では、文章に磨きをかけるための方法を紹介します。
わかっているようでわかっていない文章のルールを知って、
さらにわかりやすく伝えられるようになると、
文章はどんどん洗練されていくでしょう。

型＋表現で、さらに伝わる「読まれる文章」にする

読者を惹きこむ文章にするには？

　第2章、第3章では例文をあげながら、文章を書く練習をしました。まず、200字程度で1段落を書く練習、次に、1000字程度で文章の型を使って5段落で書く練習です。

　段落の展開パターンと、文章の型を使えば、ほとんどの実用文は迷わずに書くことができるでしょう。それだけではなく、できあがった文章は誰が読んでもわかりやすく明確なので、読み手から喜ばれることは間違いありません。

　型を使った文章が書けるようになってくると、わかりやすく、明確であるというだけでなく、さらに読者を引き込むような魅力を、自分の文章につけ加えたくなってくるはずです。そのためには、**型を使った文章に「表現」をプラス**する必要があります。

5つの方法で表現をプラスする

　では、表現をプラスする、というのは具体的にはどういうことなのでしょうか？
　たとえば、次のようなことが考えられます。

> その1　文章の書き出しを工夫して読者を引き込む
> その2　単調にならないように、内容は変えず表現に変化をつける
> その3　あいまいな表現や婉曲的な表現を使わないで、切れ味のよい文章にする
> その4　一見して、読みたいと思わせるような見映えにする
> その5　誤字脱字、変換ミスをゼロにして信頼のおける文章にする

　「そんなことわかってるけど、できないから困ってるんじゃないですか！」という声が聞こえてきそうですね。でも大丈夫。文章を書く機会があるたびに、この章に書かれていることを意識して書けば、あなたの文章はさらに磨きがかかってくるはずです。
　さっそく、表現上の技法と工夫を学んでいきましょう。

まとめ　表現をプラスすれば、文章に磨きがかかる

| 表現 その1 | 書き出しのパターンを用意する①
前置きは書かなくていい！ |

 書き出しがラクになる工夫をする

　第3章では、文章の型にしたがって書くと、伝わる文章がラクに書けることを説明しました。それでも、「やっぱり書くのって大変！」という方もいるでしょう。

　そういう方は、文章の出だしで苦労していることが多いものです。レポート用紙を前に筆が進まなかったり、パソコンを開いたけれど最初の文が浮かんでこなくて、時間ばかりがたってしまったりすることもよくあります。

　こうした場合にそなえて、書き出しのパターンをいくつか用意しておきましょう。たとえば、次のようなパターンです。

パターン1　前置きなしに本題から入る
パターン2　誰もが興味を持ちそうな一般的な話題から入る
パターン3　自分で決めている出だしで始める

 よけいな前置きは要らない

　1つめのパターンは、**前置きなしに、いきなり本題にすぐ入る**というものです。この方法は、時間がないなかで素早く読んでもらう必要のある文章に最適です。

　会議の報告書にしても、意見を述べるレポートにしても、短時間で読んでもらうためには、よけいな前置きは不要どころか入れては

いけません。

> 小学校で日本語以外の外国語を教えるべきだろうか。それとも、まず日本語だけを教えるのがいいのだろうか。私は、小学校から外国語を教えるべきだという意見に賛成だ。その理由を以下に3つ挙げて説明していこう。

　この文章では、何の前置きもなしに、いきなり「小学校での外国語教育」という本題に入っています。この書き方であれば、出だしを考える必要がありません。
　しかも、力強い文章になるので、読み手にも大きなインパクトを与えます。

**まとめ　前置きなしに始まるほうが
　　　　　インパクトが大きい**

表現 その1 書き出しのパターンを用意する②
出だしの順番は決まっている！

 読者をトピックに導くスムーズな方法

2つめのパターンは、誰もが興味を持ちそうな一般的な話題から入るというものです。

世界の一流コンサルティング会社でライティングを教えるバーバラ・ミントは、『考える技術・書く技術』（ダイヤモンド社）という本の中で、「**状況→焦点化→質問**」の順番で出だしを書いていくという方法を紹介しています。

まず、誰でも理解できる一般的な状況を書きます。次に、その中で特に話題として取り上げたいことがらに焦点を絞ります。最後に、質問の形で読者に問いかけをします。そのあとで、この問いかけに対する自分の回答を書いていくというものです。

たとえば、前頁で例にあげた「小学校での外国語教育」についての文章をミントのモデルで書いてみると、次のようになります。

【状況】誰もが納得できる一般的な状況
2011年度から、小学校5・6年生で年間35時間の「外国語活動」が必修化されました。
【焦点化】トピックを限定
このような中で、もっと低学年から外国語教育を始めようという動きもあります。

【質問】質問の形でトピックを提示
　小学校低学年から外国語教育を始めることは、教育の全体のバランスや効果から考えてみて、はたしてよいことなのでしょうか。

　ここまでが書き出しの部分です。このあとに、「小学校低学年での外国語教育導入はよいことか」に対する書き手の主張を回答としていけば、立派な書き出しになります。
　このように「状況→焦点化→質問」の順に出だしを書くと、スムーズに読者をトピックに導くことができます。

> **まとめ**　出だしは、状況→焦点化→質問のパターンで何でも対応できる

表現 その1　書き出しのパターンを用意する③
自分で出だしを決めておく

 出だしで迷わないために

3つめのパターンは、自分で決めた出だしで始めるということです。どんな内容でも決めた出だしを使います。

たとえば、決めた出だしが「みなさん、こんにちは」であれば、次のように始めます。

> みなさん、こんにちは。小学校で、外国語教育が必修になっていることはご存じだと思います。現在は、5・6年生で外国語が教えられています。これをもっと低学年から始めようという動きもあります。

どんなテーマであっても「みなさん、こんにちは」で始めますので、出だしをどうしようかということで悩む必要は、まったくありません。ただし、この出だしが内容に合っていない場合もあります。

たとえば、目上の方に「みなさん、こんにちは」で始めるのは軽すぎますよね。そうした場合にそなえて、**出だしのパターンをいくつか考えておきます。**

そして、こっちがダメならあっちを使うというふうに、内容に合う出だしに変えていけばいいのです。

> いつも大変お世話になっております。さて、昨今小学校で外国語教育が必修になっていることはご存じだと思います。現在は、5・6年生で外国語が教えられています。これをもっと低学年から始めようという動きもあります。

　このように、目上の人には少し改まった出だしで始めればいいのです。出だしを決めておくという方法は、書き出しで悩んでしまう人にはとても効果的です。

　また、ブログのような文章であれば、いつも同じ出だしにすることで、自分のトレードマークになる効果もあります。

　たとえば、「今日も元気なマミです」という出だしで始まることを決めておけば、読者になってくれている読み手は、その出だしを見るたびに、安心した気持ちになれます。

　書き出しでお悩みの人は、これら3つのパターンのどれかを試してみてください。

まとめ　出だしのパターンをいくつか持っておく

> 表現
> その2

表現を変化させる①
言葉を書き換える

シンプルでわかりやすいが基本

　表現をプラスして魅力的な文章にするための2つめの方法は、**「単調にならないように、内容を変えずに表現に変化をつける」**ことです。

　単調にならないように、というと、複雑な手法が必要なように思われます。しかし、ここでもう一度思い出してほしいことは、実用文とは「シンプルでわかりやすい」が基本だということです。ですから、複雑な文章にする、というわけでは決してありません。

表現のバリエーションを持つ

　では、どうすれば内容を変えずに、表現に変化をつけることができるのでしょうか？

　それは、**表現のバリエーションを持つ**ことです。

　ひとつひとつの文について表現のバリエーションをつけることで、伝える力の強い文章にすることができます。

　1つの意味内容をさまざまな表現で書き表すことを**「表現のレパートリー」**と呼びます。この表現のレパートリーを広げるためには、内容を変えずに違う表現に書き換える必要があります。

　たとえば、「〜だと思う」はよく使われる表現です。しかし、文末ごとにこれを多用すると、単調な文章に見えてしまいます。そこで、次にあげたように、「〜だと思う」と同じ意味を表す言葉で書

き換えるのです。

　この書き換えをすることを「**パラフレーズ**」といいます。パラフレーズを使うことで、伝わる文章を書く力がついてきます。

- 「思う」＝想像する、考える、推測する、気がする、確信する、に違いない、感じる　など
- 「話す」＝語る、述べる、伝える、言い出す、しゃべる、告げる、言う　など
- 「知る」＝わかる、実感する、感じ取る、見い出す、探し出す、気づく、思い当たる、察知する、発見する、認識する、勘づく　など
- 「聞く」＝質問する、尋ねる、伺う、問う、問いかける、聞き届ける、聞き入れる　など

まとめ　パラフレーズを使うと、
　　　　　文章はより伝わりやすくなる

| 表現 その2 | 表現を変化させる②
文を書き換える |

パラフレーズで文章の印象が変わる

　パラフレーズを文章に取り入れることで、表現に大きな変化が出るようになることは、前項でお伝えしたとおりです。
　そこで、今度は1つの文を、内容を変えずに違う表現に書き換える練習をしてみましょう。たとえば、

　私の強みは、企画力があるということです。

という文は、次のようにも書き換えられます。

　企画力があるということが、私の強みです。

　この2つの文は、語順を入れ換えただけで意味は同じです。しかし、前者の文は「私の強み」が先頭にあるので、読み手はそこに注意をひかれます。一方、後者の文は「企画力がある」ことに注意をひかれます。
　このように意味内容を変えずに、**力点を置きたい場所を先頭に持ってくる**ことで、表現に変化をつけることができます。

　さらに、次のようにもパラフレーズできます。

> 　私の強みは何かと聞かれたならば、「企画力があることです」と答えたいと思います。

　このように書き換えることで、ダイナミックな印象を強めることができます。「聞かれたなら」や「答えたい」という動詞が入っていることで、文章に動きが生まれるだけでなく、書き手の強い意志も感じられるようになります。
　さらには、次のようにも書けます。

> 　企画力というのは、誰もが強みとしてあげる能力かもしれません。それでもなお、私の強みとして「企画力がある」ということを第一に挙げたいと思います。

　書き手の企画力は人よりも優れているということをイメージさせる、より力強い文章になっています。

　以上見てきたように、「私の強みは、企画力があるということです」というシンプルな文をパラフレーズしていくことによって、力点を置く場所を変えたり、よりダイナミックな印象にしたり、より力強くしたりすることができます。
　文章がひととおり書き上がったら、全体を読み返してみましょう。単調だったり、盛り上がりに欠ける印象があれば、力点を置きたい文を中心にして、パラフレーズしてみるといいでしょう。
　次に、パラフレーズの例をいくつかあげてみますので、参考にしてください。

彼の素晴らしい技術があれば、ほとんどの問題は解決できます。

・ほとんどの問題は、彼の素晴らしい技術によって解決できます。
・彼は、ほとんどの問題を解決することができます。それは、彼の素晴らしい技術によるものです。
・あらゆる問題を解決できる彼の技術は、本当に素晴らしい。

自分の感情を無視し続けると、何を見ても心に響かなくなってしまいます。

・何を見ても心に響かない人は、自分の感情を無視し続けてきた人です。
・自分の感情を無視していませんか？　感情を無視し続けると、心に何も響かなくなってしまいます。

今年の売り上げは、昨年に比べて2倍に伸びた。

・今年と昨年の売り上げを比べると、昨年に比べて2倍に伸びている。
・昨年の売り上げと比較すると、今年の売り上げは2倍に伸びた。
・今年は、昨年に比べて2倍の売り上げを記録した。

まとめ　文をパラフレーズして単調さをなくす

表現 その3　読み手を混乱させる表現は使わない

 文章は切れ味よく

　表現をプラスして魅力的な文章にするための3つめの方法は、「あいまいな表現や婉曲的な表現を使わないで、切れ味のよい文章にする」ことです。

　文をあいまいにしている表現の1つに、次のような「**二重否定**」の表現があります。

> その行事には参加できないこともありません。

　「参加できない」で1回目の否定、「ありません」で2回目の否定。思わず「ということは、参加できるのですね？」と聞き返してしまいたくなる、あるいは「そんなに参加したくないのですか？」と勘ぐりたくなるような文です。

　二重否定の表現は避けて、「その行事には参加できます」と書きましょう。そのほうが、明確に伝わります。

　もし、積極的には参加したくないというニュアンスを入れたいのであれば、「もし必要なら、その行事には参加できます」というような限定条件を入れればいいでしょう。

　このように書けば、読み手も「忙しいのかもしれない。無理に参加する必要はないと、ひと言連絡を入れておこう」という気になりますね。

いずれにしても、二重否定の表現を避けて、文章をあいまいにしないことが大切です。

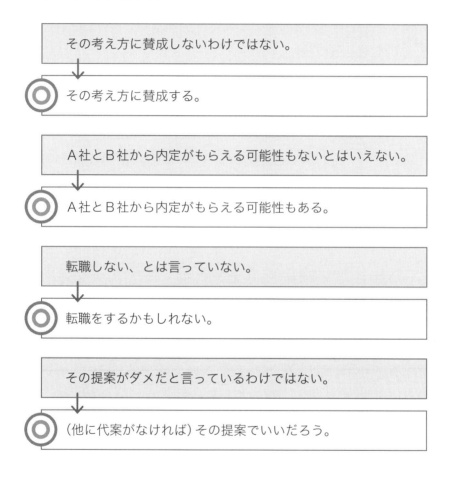

主語があいまいな受け身は使わない

　文をあいまいにさせるもうひとつの避けたい表現は**「受け身形」**です。受け身形とは、**「〜れる」「〜られる」**で表現され、「友達に誘われた」「宝物とされている」のように主語がなくても成り立ってしまいます。たとえば、

> 申込が受け付けられると、参加確認のメールが送られます。

　この文でも意味は十分に通じます。しかし、主語が明示されていないので、誰が受け付けをして、誰がメールを送るのかがわかりません。受け身形を使うと主語が隠されてしまいます。その結果、文があいまいになりやすいのです。
　この文は、次のように書き換えることができます。

> 私が申込を受け付けたら、担当者が参加確認のメールを送ります。

　受け身形をつい使ってしまう場合は、主語を明示する必要がない場合が大部分です。しかし、それでもこのように主語を明示した能動態の文にすることで、読み手が安心できる文になります。
　次に、受け身形を能動態に変えた例をあげてみます。

> お気に入りの本を雑に扱われて、ボロボロにされた。

> 友人は、私のお気に入りの本を雑に扱い、ボロボロにした。

第4章 表現をプラスすると、みるみるうまい文章になる!

この交渉の切り札とされているのは、今回のリサーチの結果だと思われる。
↓
◎ 私は、この交渉の切り札は、今回のリサーチの結果だと思う。

プロジェクトは早期に実現されることを望まれている。
↓
◎ 社長は、プロジェクトが早期に実現することを望んでいる。

その小説はたくさんの人々に読まれた。
↓
◎ たくさんの人々がその小説を読んだ。

まとめ 二重否定や受け身文は避けて
シンプルな文章にする

| 表現 その4 | 視覚からも読ませる文章にする①
1段落の長さをコントロールする |

文章全体の印象を考える

　伝わる文章にするためにプラスする表現として、「一見して、読みたいと思わせるような見映えにする」ということも大切です。

　実は、私たちは目の前の文章を読み始める前に、まずその全体を見ます。デザインはどうか、文字の大きさはどうか、写真やイラストはあるかないか、行間が詰まりすぎていないか、どんなフォントの文字を使っているのか……それによって、文章全体の印象が決まります。

　たとえば、文字ばかりびっしり詰まっている本と、写真やイラストが適度にはさまれ行間もゆったりした本だったら、どちらを読みたいと思いますか?

　おそらく多くの人は、後者の本を選ぶのではないでしょうか。もちろん、本好きにとっては文字ばかりの本のほうがありがたいこともありますけれども、そうでない人が文字ばかりの本を見たら、最初から読む気を起こさなくなるかもしれません。

　読んでもらえなければ、せっかくいい内容を書いてもまったく意味をなさなくなってしまいます。

　これほどもったいないことは、ありませんね。

　つまり、文章というのは、**できるだけ読みやすく、美しいレイアウトに仕上げることが必要不可欠**です。

　そのためには、「素敵なレイアウトだな」「このレイアウトは、す

ごく読みやすい」と思った書類やパンフレットをコレクションしておきましょう。そして、それをお手本にしてレイアウトするとよいでしょう。

1段落の長さは長すぎず短かすぎず

読みやすいレイアウトにするための工夫として、主に次のようなものがあげられます。これらに注意すると、見た目にも読みやすい、魅力的な文章にすることができます。

- ・1段落の長さをコントロールする
- ・ひらがなと漢字をバランスよく使う
- ・図、表、イラスト、写真を入れる
- ・1行の文字数や、1ページの行数をちょうどいい具合にする

　1つめのポイントは、「1段落の長さをコントロールする」です。1段落の長さは、200字くらいが読みやすいということがわかっていますので、これを目安にします。

　また、前にも触れたように「ワンパラグラフ、ワントピック」の原則にしたがって、1つの段落では1つの話題だけを扱うようにします。

　しかし、段落の中にエピソードを入れようとして書いていたらつい長くなって、大きく200字を超えてしまうこともあります。その場合は、「**こんなエピソードがあります**」で始まる新しい段落を作り、**段落を分ける**ようにします。

> ❌ **ダメな例文（1段落が長い）**
>
> 　職場においてモチベーションをアップさせることは大切なことです。職場で働いている人が元気になると、人間関係も良好になり、生産性も高まります。そこで、モチベーションをアップさせるために、私たちの部署では、朝食を食べながらミーティングをしています。そこでは、一人ひとりに、今日の目標を発表してもらいます。これを始めるようになってから、みんなの意識が少しずつ変わってきたような気がします。たとえば、仕事中の私語が少なくなり、集中力が続くようになりました。その結果、効率よく仕事ができるようになり、残業が少なくなりました。

> ⭕ **伝わる例文（段落を2つに分ける）**
>
> 　職場においてモチベーションをアップさせることは大切なことです。職場で働いている人が元気になると人間関係も良好になり、生産性も高まります。そこで、モチベーションを高めるために、私たちの部署では次のような取り組みを始めました。
> 　それは、朝食を食べながらミーティングをすることです。そこでは、一人ひとりに、今日の目標を発表してもらいます。これを始めるようになってから、みんなの意識が少しずつ変わってきたような気がします。たとえば、仕事中の私語が少なくなり、集中力が続くようになりました。その結果、効率よく仕事ができるようになり、残業が少なくなりました。

　1段落は200字くらいといいました。しかし、100字くらいの段落や、300字くらいの段落があってもかまいません。

　段落の平均的な字数はその文章の種類によって幅があります。幅

広い年齢層の人が読む一般的な文章の場合は、段落あたりの字数は短くなる傾向があります。トピックを小さな塊として伝えようとするからです。

逆に、専門的な文章の場合は、段落あたりの字数は長くなる傾向があります。この場合はトピックを大きな塊として伝えようとしています。

いずれにしても、400字を超えるような長い段落は明らかに読みにくくなります。逆に、一文で終わる段落が連続するような文章も読みにくくなります。どちらも、話題のコントロールがうまくいっていないということです。

そのような文章は、読み手にとって理解しにくい文章だと心得ましょう。

> **まとめ** 文章全体の印象を美しくすることは、伝わる文章の大前提

表現 その4	視覚からも読ませる文章にする②

文章の中にやたらと漢字を入れない

 漢字とひらがなをバランスよく配置する

　読みやすく見映えのいい文章にする２つめのポイントは、「ひらがなと漢字のバランスをとる」ということです。

　日本語の文章の特徴は、漢字とかなが混ざっているということです。表意文字（ひとつひとつのが意味を持っている文字）である漢字を使うということが、アルファベットの文章との最大の違いです。

 日本語の文章は読んですぐ理解できる

　たとえば、「お客様目線で考える」という文を英語にすると、「You need to think on the customer's point of view 」となります。

　英語の文章は、頭から読まないと意味がわかりません。一方、日本語の文章は、無意識のうちに、「客様目線」と「考」という漢字を拾っています。ひらがなはあってもなくても、漢字を見ただけで「お客様目線で考える」ということだな、と推測できます。

　文字自体に意味を持つ漢字が使えるおかげで、日本語の文章は速く読んで理解することができるのです。

　実際、日本語の文章を読むときの眼の動きを、アイマークレコーダーという実験器具で追ってみると、漢字の部分を拾って読んでいることがわかります。

　つまり、**意味のある漢字を拾って読むことによって、素早く内容**

が理解できるのです。

 ## 漢字を拾いやすくするためには？

では、意味を持つ漢字を目立たせるにはどうしたらいいのでしょうか？

それは、**文章の中にやたらに漢字を入れない**ということです。たとえば、接続語そのものには内容的な意味はないので、ひらがなで書くようにします。次にいくつか例をあげてみます。

「従って」→「したがって」
「更に」→「さらに」
「例えば」→「たとえば」

こうすることによって、ほかの漢字の部分が目立ちます。その結果として、文章全体の読みやすさが向上します。

ほかにも「出来る」は「できる」、「〜と言う事」は「〜ということ」、「この様に」は「このように」、「私達」は「私たち」などとひらがなを混ぜて使うことで、文章全体の印象もやわらかくなり、読みやすくなります。

次に、同じ内容で、漢字を多く使った文章と、漢字とひらがなのバランスを考えた文章をあげてみました。この２つを比べてみると、どちらが読みやすいか、一目瞭然ですね。

> ❌ **漢字の多い文章**
>
> 　私達は学生の時に、学業を優先する為、学校から帰宅すると、出来る限り勉強をする事に時間を割いた。更に、休日もその殆どを勉強の為に費やした。

> ⭕ **漢字とひらがなのバランスがとれている文章**
>
> 　私たちは学生のときに、学業を優先するため、学校から帰宅すると、できるかぎり勉強することに時間を割いた。さらに、休日もそのほとんどを勉強のために費やした。

　このように、漢字とひらがなのバランスを考えて文章を書くことで、読みやすい文章にすることが可能です。

まとめ　漢字の意味が引き立つように、
　　　　　内容のない単語はひらがなにする

表現 その4 視覚からも読ませる文章にする③
効果的に図や表などを使う

瞬時に理解してもらうために

　読みやすく見映えのいい文章にするための3つめのポイントは、**文章の中に図、表、イラスト、写真を入れる**ということです。

　文字で説明するよりも、図や表で示したほうがわかりやすい場合は、図や表を積極的に使いましょう。

　たとえば、「今年は昨年よりも売り上げが3倍に伸び、200億円の増収です」ということを伝えたいときは、右の図のようにグラフにしたほうが一目瞭然です。

　また、「大学の初年度学費の目安」を説明するときに、次のように文章で書いてあったらどうでしょうか？

> 　国立大学は入学金が約28万円、授業料が約54万円、私立大学文系は入学金が26万円、授業料が約74万円、私立大学理系は入学金が27万円、授業料が104万円、そのほか私立は施設設備料が文系では16万円、理系では19万円ほどかかります。

　これだけでは、頭にスッと入ってきませんし、瞬時に整理できませんね。このような場合は、右のような表にすると、理解しやすくなるでしょう。

　他にも、イラストや写真は、文章の理解を早めてくれるだけでな

く、**視覚的な安心感や美しさ**も印象づけます。

　ただし、スペースを埋めるための挿絵として、無関係なイラストや写真をいれると、かえって混乱してしまうので、文章の内容に直接関係のあるものを選ぶようにしましょう。

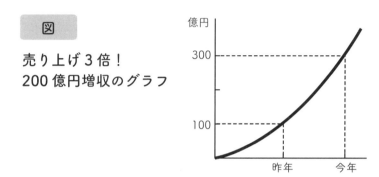

図

売り上げ3倍！
200億円増収のグラフ

表　大学の初年度学費目安

	入学金	授業料	施設設備費
国立大学	28万円	54万円	―
私立大学（文系）	26万円	74万円	16万円
私立大学（理系）	27万円	104万円	19万円

> **まとめ**　ダラダラと文章を書くよりも、
> 　　　　　図、表を使ったほうが理解が早い

表現 その5　推敲を重ねて洗練された文章にする

 文章のチェックは入念に

　文章の型を使い、表現をプラスできるようになれば、上手な文章が書けるようになるはずです。

　でも、だからといって安心してはいけません。文章を書き上げたら、必ず推敲をしましょう。**書いた文章をもう一度読み直して、漢字の変換ミスや、主語と述語のねじれなどをチェック**します。

　また、間違いとは言えなくても、同じ語尾が続いていてリズムが悪い場合や、同じ表現が繰り返されている場合は、言い換えをします。

　こうした文章のチェックは大切です。もし、提出した文章にミスが残っていると、「漢字を知らない人だな」「文章を書くのに慣れていない人なのかな？」などと思われて、読み手の信頼を失ってしまうからです。

　単なる漢字の変換ミスであっても、読み手はそこが気になって内容が頭に入ってこなくなってしまうこともあります。ミスによって読み手の信頼を失ってしまったら、いくらいい内容であっても、相手には伝わらなくなってしまいます。

 書いた文章は他人にも見てもらう

　自分で読み返し推敲をすることも大切です。**同僚や友だちに文章をチェックしてもらえたらベスト**です。いくら読んでも書き手自身では見つからないミスを簡単に見つけてもらえます。

なぜ自分ではミスが見つからないのかというと、本人は書いた内容がわかっているので、ミスがあっても、間違いを見過ごしたり、正しく補ったりして読んでしまうからです。

　一方、自分以外の人は、そうした補正がかからないのでミスを見つけることができるのです。

　もし、チェックしてくれる人が見つからない場合は、自分でチェックするしかありません。そのときは、その文章を一晩寝かせてください。つまり、**一晩寝て、翌日にチェック**するのです。

　さらには、パソコン上ではなく、必ず**紙に印刷したものでチェック**をします。すると不思議なことに、パソコン上では決して見つけられなかったミスを、かなり発見することができます。

　これは、紙上とスクリーン上で、誤りを見つけてもらう比較実験によって検証されています。

　紙のほうがミスを発見しやすいという理由は、まだ明らかではありません。おそらく、スクリーン上では、読み手側の視点である「読者モード」になってしまうからだろう、といわれています。

　ちなみに、1冊の本を作るときは、少なくとも3回、多いときは5、6回、紙に印刷した原稿を出して、編集者、著者、校正者など複数の人がチェックします。

　そうして、誤字脱字や意味の伝わりにくい文などを徹底的に修正して、初めて本屋さんでみんなに手にとってもらえる本に仕上がるのです。

**まとめ　文章はパソコン上だけでなく、
　　　　　紙に印刷して推敲する**

第4章のまとめ

■ さらに読まれる文章にするには？

・表現をプラスする

■ どのように表現をプラスするか？

その1：出だしでつまづかないように、書き出しのパターンを用意する
　　　①前置きなしに、いきなり本題から入る
　　　②誰もが興味を持ちそうな一般的な話題から入る（状況→焦点化→質問）
　　　③自分で決めた出だしで始める

その2：パラフレーズで表現のレパートリーを広げる

その3：二重否定・主語があいまいな受け身は使わない

その4：見映えのよい文章にして、視覚からも読ませる
　　　①1段落の長さをコントロールする
　　　②漢字とひらがなのバランスを考える
　　　③図や表を使う

その5：書いた文章は、必ず推敲する

第 5 章
文章を書くときに欠かせない発想法!

実用文とはいっても、企画書や提案書、レポート、ブログなどは、トピックとなるネタや事例となるネタが必要です。そこで、この章ではネタに詰まることがなくなる発想法をお伝えします。

発想法を知ると、書くことが楽しくなる！

 発想法が必要な文章とは？

ここまで、文章の型と、その基礎である段落の書き方、そして表現の工夫について説明してきました。

そこで、最終章では、**キラリと光るネタやアイデアが盛り込まれた磨きのかかった実用文を書くための発想法**について、お話ししていきます。

発想法といっても、それが必要となる文章と、それほどでもない文章に分かれます。

たとえば、報告書や依頼文などは、発想法はあまり使わない文章です。これらの文章では、書くための材料がすでに手元にある場合が多いのです。あとは、それをどう整理して書くかということがポイントです。

一方で、**企画書、提案書、レポートやブログ**といった文章では、そこで書いていくアイデア自体が重要な材料になります。ですので、いつでも思いついたことをメモしておいたり、新聞や雑誌やウェブで読んだことについて、コメントをまとめておく習慣をつけるといいでしょう。そうすることで、文章にするためのネタが常備され、いつでも文章を書くことができるようになります。

文章がうまい人はたくさん書いてきた人

あとは、ひたすら書くことです。書けば書いただけ、文章がうまくなります。伝わりやすい文章が書ける人は、たくさん書いてきた人です。

読んで理解しただけでは、うまくなりません。たとえば、ゴルフのハウツー本を読んで体の動かし方やスイングのしかたを理解したからといって、いきなり上手になるわけではありませんよね。ゴルフの飛距離をコントロールするには、頭で理解したことを体で実践できるようになるまで、何度も何度も練習が必要です。

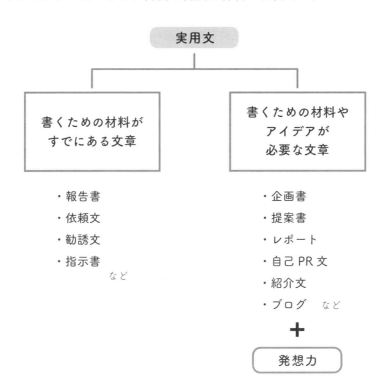

第5章　文章を書くときに欠かせない発想法！

　文章もゴルフと同じです。この本を読んで理解したら、理解したことを実際に文章として書いてみる練習が必要です。そうして、学んだことを初めて自分に取り入れることができるのです。

　商品の企画書、おすすめ本の紹介文など、とにかく機会を見つけて、積極的に書くようにしましょう。たくさん書けば書くほど、誰でも速くラクに書けるようになるのです。
　もし、文章を依頼されたら、「え〜、書けません！」などと逃げるのではなく、チャンスだと思って進んで引き受けましょう。
　ここで説明する発想法を取り入れて、「書くこと」を楽しんでくださいね。

> **まとめ**　頭で理解したら行動に移して
> 自分に取り入れる

文章を書くと人生が変わる！

生活のなかに「書く」をプラスする

　さて、おさらいです。第1章でも説明したように、「書くこと」によって、人間関係が良好になったり、話すことが上手になったり、論理的思考ができるようになったりなど、いいことばかりが起こります。

　さらに劇的な変化もあります。それは、**書くことによって、あなたの人生が変わっていく**ということです。

　これは大げさな話ではありません。書くことによって確かに自分の生き方が変わるのです。

　ただ新聞や雑誌を読んだり、テレビを観たりするだけの生活ではなく、「書いて自分を表現する」という行為をプラスするだけで、生き方が変わっていきます。

書くことは、行動の準備運動

　その理由の1つめは、**書くことが「行動の準備運動」**だからです。
　新しい年になると「今年の目標は、これにしよう！」と宣言する人がたくさんいます。「目標を書く」ということは、それを成し遂

げるための第一歩です。

とはいえ、目標を書いても、三日坊主で終わってしまうことも多いものです。それでも、目標を書いたことによって、3日間は努力できたのですね。これが書くことの力です。

せっかく書いた目標を3日間で終わらせないためには、何かを成し遂げたいと新たに思うたびに、それを書くようにすればいいのです。

やってみたいと思う→それを書き記す

この流れを繰り返すことで、目標に向かって努力する習慣がつくでしょう。そのたびにあなたの人生は少しずつよい方向へと変わっていくのです。

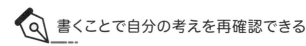
書くことで自分の考えを再確認できる

2つめの理由は、書くことで**「これが自分の考えだ」ということが確認できる**からです。私たちは、ふだんいろいろなことを考えています。でも、そうした考えは次々と忘れてしまいます。また常に変化しています。

こうしたうつろいやすい考えを、文章にして書き留めることによって、自分の考えを確認することができます。

そしてその文章は、常に自分の中の軸として役立ってくれます。環境が変わっても、人間関係が変わっても、自分が書いたものは確固としたポリシーとしてそこに残ります。

日記などをつけている人は、過去の日記を読み返してみると、「私はこんなことを考えていたんだなぁ〜」などと自分の成長を感じられたり、今の自分に喝を入れることができたりもするでしょう。文章によって、自分自身の考えを気づかされることも多いのです。

知識の生産者として社会に貢献できる！

　3つめの理由は、書くことによって「**知識の消費者**」から「**知識の生産者**」に**変わる**からです。新聞や雑誌を読むということは、知識や情報を消費していることですよね。

　しかし、ひとたびあなたが何かを書いて他の人に読んでもらうということをしたなら、それはあなたが知識の生産者になったということを意味しています。そして、知識の生産者として社会に貢献していると同時に、書くことの責任を背負ったということです。

　つまり、人生の消費者から生産者になったということなのです。

> **まとめ**　書くことで人生の幅は何倍にも広がる

素晴らしいアイデアを生み出すネタ帳

日常のなかにネタはある

ブログを書いている人なら、「今日は何を書こう？」とネタに詰まった経験があることでしょう。特に、書くテーマを自分で決めるブログ、エッセイ、レポートなどは、これについて書こうと思うような材料が必要です。

もちろん、アイデアが勝負の企画書や提案書でも材料集めは必要です。

さて、この材料ですが、実は日常の中にいくらでもあります。私たちが日々感じること、たとえば「これはおもしろいな！」「これは変だ！」「なぜこうなっているんだろう？」と感じることはすべて書くための材料になります。

しかし、いくら材料があっても、思っていただけではすぐに忘れてしまいます。そこで、そうした材料をメモしておきましょう。

メモを書いたら一か所にまとめて書き写す

文章の材料をメモするものは、手帳でも、切り離せるメモ帳でもいいですし、ふせんでもスマートフォンのメモ用アプリでもかまい

ません。自分の感覚に合ったものを使って、使い勝手がいいようにしておくことが大切です。

また、メモするものは、1つに決める必要はありません。手帳が手元にないときは、カフェのテーブルに置いてある紙ナプキンでもなんでも使います。

こうしていったん書いたメモは、どんな形であっても、一か所に書き写しておくことが大切です。ネタ帳ノートでもいいですし、パソコンのファイルに保管してもいいでしょう。書き写すまでもない、というメモは、そのまま捨てます。

なぜ、一か所に書き写すかというと、あとで見返したいときにどこに書いたのか忘れないようにするためです。

メモは思いついたときに書くので、いろいろな場所に散らばっていることが多いものです。それをそのままにしておくと、結局役に立たないで終わってしまうことがほとんどです。ですので、1日の終わりでも、ちょっとあいた時間でもいいので、一か所にまとめておく必要があるのです。

1つの素敵なアイデアを出すには20のアイデアが必要

こうして材料を集めます。それらはすぐには使わないかもしれません。それでもメモしておくことが大事なのです。

要するに、「書く」という行動が大事なのです。

書くことによって、メモとしても残りますし、また記憶としても残ります。記憶として残ったものは、いつか公私問わず、書くための材料になるでしょう。

そうやってメモは日々蓄積されていきます。しかし、すべてのメモが書く材料として活かされるわけではありません。それどころか、ほとんどのメモは使われずにたまっていくだけです。

経験的には、20個のメモの中に1つでも書く材料として使うことができればラッキーです。

逆にいえば、1つの素敵なアイデアを出すためには、20個のアイデアを出さなければならないということです。

メモをたくさん書くことは、よい材料を生み出す最短の道です。そして、アイデアをたくさん出す作業を繰り返すことは、必ず仕事や生き方のプラスになっていくことでしょう。

> **まとめ** 思ったことは何でも書きとめる

書きながら検索して、文章に深みを与える

 ネットに依存しない

インターネットは情報の海です。そこにはありとあらゆる情報が蓄積されています。

しかし、そこに安住してしまうと、書く気持ちが萎えてしまいます。読むだけで時間が取られてしまいますし、そこそこおもしろい記事がたくさんあるからです。

そうなると、人は情報の消費者になってしまいます。インターネットに長時間触れていないとがまんできない「ネット依存」という現象も社会問題になっています。

ネットに依存しすぎると逆に書けなくなってしまいます。たとえば、ブログを書くときに、何かネタはないかとネットで探したりしたことはありませんか？

ネットからネタを拾おうとすると、必ずその情報に引きずられて、自分のアイデアが出てこなくなります。

 自分の体験や感覚を文章に盛り込む

では、ネットをうまく使うには、どうしたらいいのでしょうか。

たとえば、ブログやレポート、企画書、提案書などを書くとき、書くための材料を見つけるためにネットにアクセスするのではなく、**「書きながら検索する」**方法をおすすめします。

これはどのような方法かというと、書くための材料やテーマは、自分の生活の中で体験したことや、そこから考えたことから見つけます。これを「一次情報」と呼びます。

一次情報は、自分自身が集めた情報です。自分自身の体験や感覚を大切にして、書き始めるのです。自分の体験や感覚は、他の誰にも取って代わることのできないものですから、文章にオリジナリティも出ます。これを大切にして書きましょう。

しかし、自分の体験や感覚だけに頼って書いていくと、ともすれば1人よがりの文章になってしまうこともあります。そこで、書きながらネット検索をして、**知識や情報を確かめながら書いていきます**。これによって、自分の文章に裏付けを与えるのです。

たとえば、今、私はこの文章を書きながら、「ネット依存」というキーワードで検索しました。そうすることで、ネット依存について現在までにわかっていること、その原因や対処法について、素早く知ることができました。

検索することで、書いている文章の中での「ネット依存」という用語の使い方が間違っていないか、あるいはもっと適切な用語があるのではないか、ということについてチェックすることができます。

このように、自分の書いた文章の意味が間違っていないかなどを確かめながら、書くことができます。

信頼性の高いサイトを参考にする

　注意しなくてはいけないのは、ネット検索で得られる情報には不正確なものもたくさんあるということです。ウィキペディアのようなものでも、信頼性の高い項目と、それほどでもない項目があります。

　そこでおすすめするのは、「グーグル・スカラー（Google Scholar）」です。

　「グーグル・スカラー」では、学術文献を中心にして検索することができるので、信頼性の高い情報を得ることができます。ただし、ここで検索されたものは論文として書かれたものが大部分なので、かたい文章で読みにくいかもしれません。それを自分なりにやわらかくする必要はあります。

　それでも、最後に頼れる情報としては役に立ちますので、覚えておくといいでしょう。

> **まとめ**　ネット検索で自分の情報に裏付けを与える

第5章　文章を書くときに欠かせない発想法！

長い文章を書くときは、「書くための地図」を用意する

1000字以上の文章を書くときは？

　第3章で取り上げた文章は、5段落構成で、だいたい1000字くらいのものでしたね。これくらいの長さの文章であれば、箇条書きにしたメモを作ってすぐに書き始めることができます。

　しかし、これ以上の長さの文章、たとえば、5000字や1万字くらいの文章を書く場合は、箇条書きのメモでは不十分です。大学の卒業論文では、最低でも2万字くらいの長さになりますので、メモだけでは書けません。

構想マップを描こう

　長い文章を書くには「地図」が必要です。地図といっても、道路や街を示す代わりに、キーワードとキーワード同士の関係を描いた地図です。

　この地図を見れば、どんなキーワードがあって、それがどのキーワードにつながっていくのかが一目でわかります。

　では、キーワードとキーワード同士の関係を描いた地図、つまり文章を書くための地図とは、どのような地図のことでしょうか？

それを「**構想マップ**」と呼びます。構想マップの作り方はシンプルです。次のステップにしたがって構想マップを描いてみましょう。

① 白紙を横向きに置き、真ん中に「中心テーマ」を書き込みます。
② 中心テーマから思いつくサブテーマを数個ほど書き、線で中心テーマと結びます。
③ サブテーマから思いつくトピックを書き、線でサブテーマと結びます。
④ ②と③を繰り返します。
⑤ アイデアが出つくしたら終わりにします。

このようにして描いた構想マップが、182ページの図です。この構想マップは、この本全体のマップです。構想マップは、あくまでも文章を書くための補助ですから、構想マップが完璧なものになることはありません。

構想マップがある程度描けたと思ったら、文章を書き始めましょう。ただし、書いていくと最初の構想マップ通りには進まないことに気がつくでしょう。

そういうときは、書きながら構想マップをどんどん修正していけばいいのです。

構想マップでは、うまくつながっていると思ったトピック同士が、文章ではうまくつながらないということもよくあることです。

そういうときは、文章を書き進めながら、構想マップを作り変えていき、そこからまた新しいトピックをつけ加えていくようにすると、長い文章の構成が決まってきます。

第5章 | 文章を書くときに欠かせない発想法！

この本の構想マップはこうでした！

- 1 実用文ってなに？
- 2 1段落の文章を書く

伝わる文章を書く技術

- 5 発想法
- 4 表現をプラスする
- 3 5段落の文章の「型」
  - 勧誘文
  - 企画書
  - 報告書
  - 紹介文
  - 自己PR
  - レポート
  - エッセイ

まとめ 構想マップをつくると長い文章が書きやすくなる

集中力を高めて、文章を書くモードに切り替える

 書くこととは、記憶をフル活用する作業

　書くという行為は、集中力を使う作業です。なぜかというと、次のようなことを同時に並行して考えなくてはならないからです。

・全体のテーマ：どういう話題で文章を書くのか。
・段落間の関係：全体の構成や段落をどう組み立てるか。
・段落内の構成：1つの段落の流れをどう書くか。
・表現の確認：文末の調整、漢字とひらがなのバランスなど。

　つまり、書くという行為は人間の記憶をフルに使わなければできない作業なのです。

　人間の記憶の容量は、数字でいうと7桁くらい、物事でいうと5つくらい覚えただけで満杯になるということが心理学の実験から明らかにされています。こうした記憶容量を全部使って文章を書いていくわけです。ですので、ほかのことに注意を奪われたら、書くことはできません。集中して書いているときに、ほかの人に話しかけられて、書くべき内容を忘れてしまったという経験は誰にでもあるでしょう。それほど、記憶容量をフル活用しているのです。

　したがって、文章を書くときには、ほかのことに注意を奪われないような環境を作ることが大切です。

誰にも邪魔されない場所を決めておく

　そのポイントの１つは「**お気に入りの場所**」を決めておくことです。自宅の決まった場所でもいいですし、行きつけのカフェ、図書館のコーナー、あるいは、早朝の通勤電車なども、書くためには最適な場所になります。要は、ほかのことに邪魔されない環境を自分で作りましょう。

　もうひとつのポイントは、**自分に「スイッチ」を入れるための儀式を決めておく**ことです。たとえば、書く前にコーヒーを一杯入れることを儀式にしたり、書くとき専用の音楽を決めておき、それを聞きながら書いたりして、書くためのスイッチにします。

　はじめのうちは、いろいろな儀式を試してみるといいでしょう。そのうちに、自分にピッタリ合う儀式が見つかります。そして、その儀式を続けていくうちに、書くことが習慣になります。

　会社で書かなければいけないときは、**あらかじめ書く時間を決めて集中して書いたり、社員用ラウンジのお気に入りの席にパソコンを持っていって書く**など、工夫をしましょう。

　書くことは、集中力をかなり必要とする鍛錬ですから、それがめんどうだと思った瞬間に、机回りの片付けや別の仕事の資料を読み始めるなど、ほかのどうでもいいことに逃げてしまいがちです。そうならないためにも、書くためのお気に入りの場所を決め、書くために集中するスイッチを入れるのです。

> **まとめ**　書きたくなる場所、
> 　　　　　書きたくなる儀式を決めておく

毎日書いて、
文章を書くスキルを磨き続ける

 情報の生産者側になる

　最初に述べたように、書くことによって人生が変わっていきます。それは、情報の消費者から、情報の生産者へと180度変わるということです。つまり、**あなたが情報を与える側に変わる**ということです。

　情報を与えるということは、受け手に対しての責任が生まれますから、書く技術を身につけたら、それを常に磨いておくことが欠かせません。つまり、書き続けるということが大切です。
　とはいえ、書く仕事は毎日あるわけではありません。そこで、毎日少しずつでも書くという機会を自分で作ることが大切です。

 ブログで文章力を鍛える

　毎日書く機会を作るためには、ブログを書くのが最適です。「日記なら毎日書いている」という人もいるかもしれません。しかし、文章を書いたらそれが誰かに読まれるということが大切なのです。
　日記が続かないのは、それを読む人が自分以外にいないからです。たとえ日記を書くのをやめてしまっても、誰も文句は言いません。

しかし、ブログであれば、必ず読者がいます。読んでくれる人がいるという事実が、ブログを継続しようとする強い動機になります。

　Facebook や Twitter を始めてもかまいません。ただし、つぶやきはダメです。誰もが理解できる文章で書くことが条件です。その意味で、140字以内で書かなければならない Twitter は最小限の長さです。140字あれば、1段落分の1つのトピックについて書くことができます。言いたいことを140字でまとめるといういい練習にもなります。
　Twitter に慣れてきたら、400字程度で、ブログを書いてみましょう。「はじめに／本題／おわりに」の3段落構成で1つのトピックについて書くことができます。

書く経験を積むと、長文も書けるようになる

　400字くらいの文章を毎日苦労せずにブログに書けるようになってきたら、次は、この本の第3章で紹介したような5段落、1000字程度の文章を書いていきましょう。
　1000字くらいあれば、1つのトピックについてかなり深めた文章を書くことができるので、過不足なく伝えたいことを伝えることができます。

　ちなみに、この本も、1つの項目（2ページで1項目の場合）がだいたい1000字くらいになるように書いています。ということは、1000字の文章を蓄積していくことによって、1冊の本が書けるということです。

1冊の本の分量をだいたい10万字とすると、1000字で書いた項目を100個用意すればいいということになります。
　「1000字の文章を100個も用意するなんて無理！」と思うかもしれません。確かに大変です。しかし、できないことではありません。
　運動と同じように、毎日一定の量を書くトレーニングをしていけばいいのです。体ではなく頭を使うトレーニングです。

　頭も使わなければ日々衰えてしまいます。頭を常に最良の状態に保つためにも、文章を書いていきましょう。その先には自分の本を出すという素敵なプレゼントが待っているかもしれません。

> **まとめ**　ブログを書く習慣をつけて、
> 　　　　　書く訓練を継続する

第5章 のまとめ

■ 発想法が必要な文章とは？

- 書くための材料やアイデアが必要な文章。たとえば、企画書、提案書、レポートやブログなど

■ 発想を高める方法

- ネタ帳をつける
- 書きながらネット検索をして、自分の情報に裏付けを与えて深みをつける
- 長い文章を書くときは、構想マップを利用する
- 集中できる場所を見つける
- 書くモードに入る「儀式」を決めて、自分にスイッチを入れる

■ 文章がうまくなるためには

- 毎日書く習慣をつけるために、ブログを書く

■ 書くことで人生が変わる！

- 書くことで、目標に向かって努力する習慣がつく
- 書くことで、自分の考えを再確認できる
- 書くことで、知識の消費者から知識の生産者に変わる

書けない恐怖をなくす！「ライティング・ワークショップ」

　文章がスムーズに書けるようになるには、たくさん書くことが必要です。とはいえ、今すぐ書く仕事が回ってくるとは限りません。そこで、書くための予行練習を始めましょう。それが、ライティング・ワークショップです。楽しみながらトライしてください。

1　読者とテーマをイメージする

最初に、これから書く文章の「読者」をイメージしてください。個人ですか？　集団ですか？　それはどんな人（たち）ですか？　書く上で気をつけるべき点はありますか？　もしあるなら、どのような点ですか？

読者の イメージ

2　テーマを決める

読者のイメージが決まったら、文章の種類と伝えたいテーマを決めます。文章の種類は、勧誘ですか？　お願いですか？　企画ですか？　提案ですか？　報告ですか？　エッセイですか？　ブログですか？　それとも独り言ですか？　それは、どんなテーマですか？

文章の種類	勧誘・依頼・企画・提案・報告・紹介・エッセイ・ブログ・その他

テーマ

おまけ

3 構想マップを作る

テーマを決めたら、文章ではなく、絵を描くつもりで構想マップを書いてみましょう。構想マップの描き方は、180ページに掲載しています。

ここでは、何の資料も参考にせず、インターネットも検索せずに、描いてください。途中でアイデアに詰まったら、マップの中の別のブランチ(枝)に移って連想を進めましょう。

考え込まないように、できるだけ速く書くのがコツです。すべてのことは、あなたの頭の中にすでにあります。それを構想マップに表現していくだけです。

> ＊Ａ４判程度の紙を用意。真ん中に楕円を描きましょう。そこに２で決めたテーマを書き入れて、構想マップ作りをスタート！

4 ノンストップ・ライティングでどんどん書き出す

「書けない」という恐怖心にとらわれてしまう人はたくさんいますけれども、「おしゃべりできない」と不安になる人はあまりいません。気軽で楽しく、おしゃべりをするように、文字にしていけばいいのです。それがノンストップ・ライティングです。

ノンストップ・ライティングの書き方

- 構想マップを見ながら、おしゃべりするように書いていく
- 前後のつながりは考えなくてよい
- 構想マップに書いていないことでも思いついたらどんどん書き足す。つまったら別のキーワードに移って続ける
- 2人で行うときは、1人が話して、1人が書きとめる

ノンストップ・ライティングの例

- テーマは、お金のムダ使いをなんとかしたいという話です。
- 衝動買いをよくしてしまいます。
- それはストレス解消にはなりますね。
- ウィンドウショッピングは楽しいです。
- でも、衝動買いをしてしまうと、予定外のものを買ってしまうことになります。
- 家に帰ってみると、同じようなものがすでにあったり。
- そういうときは、結局買ったものも使わないことになります。
- それで後悔することもよくあります。
- そんなわけで、衝動買いのせいで常にお金がない状態です。
- そうなると、本当にほしいものが買えなくなってしまいます。
- ムダ使いをなんとかやめたいのです。
- どうしたらいいんでしょうか。

おまけ

5 ノンストップ・ライティングを段落にする

ノンストップ・ライティングで書いたものには、脈絡がありません。おしゃべりのように思いついた順番で書き出したものだからです。それを「読んでもらえる文章」にするのが、「段落」です。そこで、段落の「型」に合わせて、ノンストップ・ライティングを段落にしていきます。

ポイントは最初に「コンセプト」を持ってくることです。そして、文章の流れに合わせて、接続語を使って文と文をつなげていきます。

ここでは、「お金のムダづかいをどうするか」というテーマで1000字エッセイの序論に当たる1段落と仮定して、書いてみました。

ノンストップ・ライティングを段落文にした例

- **コンセプト**：私は、最近、お金のムダ使いをなんとかしたいと考えています。
- **事実①**：私は、衝動買いをよくしてしまいます。
- **事実①の補足**：確かに、それはストレス解消にはなります。
- **事実②**：でも、衝動買いをしてしまうと、予定外のものを買ってしまうことになります。家に帰ってみると、同じようなものがすでにあったりします。
- **事実②の補足**：そういうときは、結局買ったものも使わないことになります。
- **事実③**：さらに問題なのは、衝動買いのせいで常にお金がない状態であることです。
- **事実③の補足**：こうなると、本当にほしいものが買えなくなってしまいます。
- **ダメ押し**：私はムダ使いをなんとかやめたいのです。どうしたらいいのかを考えてみたいと思います。

これで、262文字の段落文が完成しました！
さぁ、みなさんも始めてみましょう。

MEMO

おわりに

　文章を書くことは一見ハードルが高いものと思われています。しかし、この本を読めばそうでもないということがわかっていただけたでしょう。書くことは話すことと同じくらいシンプルなことなのです。
　伝わる文章の型を理解すれば、職場で、会議の報告書や取引先への企画書、また研修レポートの提出を求められても、もう怖くありません。私生活で、町内会のニュースレターの原稿やＰＴＡから案内文を頼まれても、笑顔で引き受けることができます。
　文章を書く技術は、老若男女、誰でも必要なスキルです。学校でも、仕事でも、日常生活でも、またボランティアやサークルなどの活動をするときでも、書くことが常に求められているのです。

　書く技術はただ必要というだけではなく、それを使って仕事の幅を広げたり、人間関係を良好なものにすることができます。伝わる文章が書けるようになれば、エッセイやブログを書いてたくさんの人に読んでもらうこともできますし、自分史を書くこともできます。また、本を書くことも夢ではありません。そうして自分の人生をより豊かなものにすることができます。
　この本を読んだら、書くことを苦手なものとして避けるのではなく、自分のスキルを磨くためのチャンスとして書くことに取り組んでみてください。それがあなたの「書く人生」をスタートさせる第一歩になるはずです。
　私は大学では「教えること」を教えています。教えることはコミュニケーションの一部です。同様に、書くこともコミュニケーションの

一部です。インターネットが行き渡った現代では相手にしてほしいことを文章にして伝えるという場面がますます多くなってきています。そうしたときに過不足なくシンプルに相手に伝わる文章の書き方を身につけておけば、どんな場面でも役に立つスキルとなるでしょう。そのためにこの本を役立てていただければ著者として幸せです。

　この本は2014年に永岡書店から出版された『伝わる文章を書く技術』を元にしています。この本は好評でしたけれども、残念ながら絶版となってしまいました。今回、出版社を技術評論社に移して、新版として世に出せたことを喜んでいます。

　この本を作るにあたっては、前作同様、チア・アップのRIKAさんに編集していただきました。また技術評論社の佐藤丈樹さんには全体をとりまとめていただきました。楽しいマンガを描いていただいた笹かまぼこ。さんにも感謝します。どうもありがとうございました。

　そして、この本を手にとってくださったあなたにも感謝いたします。この本を活用して、書くことが楽しみになるような人生になることを願っています。

2019年3月　所沢にて
向後千春

● 著者プロフィール

向後千春（こうご・ちはる）

早稲田大学人間科学学術院教授。博士（教育学）。1958年東京生まれ。早稲田大学第一文学部卒業。早稲田大学大学院文学研究科博士後期課程（心理学専攻）修了。1990年富山大学教育学部助手、講師、助教授を経て、現職。2006年、東京学芸大学大学院連合学校教育学研究科より博士（教育学）取得。専門は、インストラクショナルデザイン（教え方のデザイン）、eラーニング、作文教育、アドラー心理学。効果的、効率的、魅力的に教えるためには、どのようにすればいいのかを、心理学の知見をベースにして研究している。
著書に『世界一わかりやすい教える技術』（永岡書店）、『統計学がわかる』『統計学がわかる【回帰分析・因子分析編】』（ともに技術評論社）などがある。
http://kogolab.wordpress.com/

本書へのご意見、ご感想は、技術評論社ホームページ（https://gihyo.jp/）または以下の宛先へ、書面にてお受けしております。電話でのお問い合わせにはお答えいたしかねますので、あらかじめご了承ください。

〒162-0846　東京都新宿区市谷左内町21-13
　　　　　株式会社 技術評論社
　　　　　書籍編集部『伝わる文章を書く技術』係
　　　　　FAX：03-3267-2271

● カバーデザイン：西岡裕二
● マンガ作画：笹かまぼこ。
● 本文デザイン・DTP：BUCH⁺
● 編集：RIKA（チア・アップ）
● 進行：佐藤丈樹

伝わる文章を書く技術
──「型」にはめれば、必ず書ける！

2019年5月2日　初版　第1刷発行

著　者　向後千春
発行者　片岡巌
発行所　株式会社技術評論社
　　　　東京都新宿区市谷左内町21-13
　　　　電話　03-3513-6150　販売促進部
　　　　　　　03-3267-2270　書籍編集部
印刷／製本　日経印刷株式会社

定価はカバーに表示してあります。

本の一部または全部を著作権の定める範囲を超え、無断で複写、複製、転載、テープ化、あるいはファイルに落とすことを禁じます。

造本には細心の注意を払っておりますが、万一、乱丁（ページの乱れ）や落丁（ページの抜け）がございましたら、小社販売促進部までお送りください。送料小社負担にてお取り替えいたします。

©2019　向後千春、株式会社チア・アップ

ISBN 978-4-297-10488-7　C0036
Printed in Japan